Die Befreiung der Liebe

Für eine Rebellion
unserer Herzen

Yoshi Frey

©2019
Herstellung und Verlag: BoD – Books on Demand,
Norderstedt.
ISBN: 978-3-7494-2980-6

Bilder und Zeichnungen von Yoshi Frey

Vorwort

Mein Buch ist für mich ein Manifest für eine Rebellion unserer Herzen, ein Manifest für die Revolution der Liebe. Es gibt für mich keine Befreiung, denn die Befreiung unserer Liebe. Wenn die Liebe befreit ist, dann ergibt sich alles andere von selbst.

Ich sehe den einen oder anderen schon schmunzeln über so viel Tagträumerei.... aber für mich ist die Revolution der Liebe die einzig wirklich konkrete Utopie, die den Alptraum unserer Welt transformieren kann. Es ist nicht so, dass die Utopie der Liebe *erreicht* werden müsste. Es ist *DAS*, was *ist und was wir in Wirklichkeit sind.*

Diese Utopie ist vielmehr so nahe, dass sie von allen bei der Suche nach dem Glück übersehen, also ver-achtet wird und darum ist unsere Erfahrung die, vom Glück getrennt zu sein. Unsere vorgebliche Suche ist eigentlich eine Strategie der Flucht. Um unser Glück zu befreien, müssen wir uns also bewusst werden, *wie und warum* wir *DAS*, was wir sind und wonach wir uns alle sehnen, permanent ver-achten. Das Leiden an der Ignoranz in welchem wir leben, ist also nur eine kollektive menschliche Sinnestäuschung, verursacht durch das Drama, in welches unsere Liebe und unser Bewusstsein verwickelt ist.

Das ist die Botschaft dieses Buches: Unser Leiden ist eine Illusion. Wenn wir uns des Dramas bewusst werden, dann haben wir die großartige Chance, das Leiden zu überwinden.

Die Heil(ig)ung geschieht nicht durch positive Suggestion oder gezwungenes Glauben, sondern durch das Bewusstmachen und Integrieren unseres Schattens, durch die Akzeptanz der Anteile in uns, die wir verurteilen und zurückweisen. Es ist die Ur-Teilung in Gut und Böse, die uns aus dem Paradies der Einheit mit unserem höheren Selbst wirft.

Die Bewusstwerdung, *dass* und *wie* wir uns selbst geurteilt haben, wird uns mit unserem Selbst heilen, eins machen und damit heiligen - und unsere Liebe befreien.

Ich beschreibe in meinem Buch den Weg in die Illusion der Separation von unserem Selbst und versuche den Schatten dem Leser ins Bewusstsein zu bringen, im Wissen, dass dies der Weg zurück nach Hause ist, in die bewusste Gewahrung unseres göttlichen All-eins-Seins. Vielleicht wirkt das Buch dadurch manchmal düster und für manchen daher abstoßend. Die Reise in unsere Unterwelt ist aber notwendig, um neu geboren werden zu können.

Wir werden in eine ignorante Welt geboren. Das absolute, offene, freie und mit allem verbundene Sein, das, was wir - frei von allen Konzepten - sind, wird ignoriert und ver-achtet. Das ist eine unerhörte Kränkung, die jeder auf individuelle Weise erfahren musste. Es spinnt sich um jede individuelle Kränkungsgeschichte die Identität einer individuellen Person:
Weil der Schmerz der Verletzung so überwältigend schien, schützten und versteckten wir das "goldene", offene Kind in uns. Wir leben fortan unter den Bedingungen von unserer Angst. Wir präsentieren stattdessen der Welt eine schützende Maske (lat. persona) hinter der wir uns, unser *wirkliches* Sein, verstecken. Wir passen uns der herrschenden Ignoranz an und verraten dabei uns selbst, um überleben zu können. Wir wurden von Blinden geblendet und sind nun selbst blind für unsere Quelle.

Wir haben die Einheit mit uns verloren, weil wir unser wahres Selbst vergessen haben, während wir es beschützen wollten.
Wir vergaßen unser goldenes Kind, - und wir vergaßen sogar, dass wir vergessen haben.

Das Ego entsteht. Unsere Identität wird das, was wir *glauben* zu sein. Wir glauben also, wir *sind*, was wir glauben. Wir *sind mit Überzeugungen identifiziert,* die in Wahrheit die bedingungslose Freiheit und Liebe, die wir eigentlich sind, zurückweisen. Unsere Selbst-Verneinung *ist* somit unsere Identität. Wir leben das Leben eines falschen Ichs und fürchten nichts mehr, als dass uns unser Selbstbetrug in unser Bewusstsein gelangt. Wir schlafen und träumen den Traum eines falschen Ichs, welches sich seine Existenz um jeden Preis beweisen muss.

Unser Ego entpuppt sich als eine Diktatur für unsere Liebe und unsere Freiheit. Die Identifikation mit Erklärungen, Wertungen und Geschichten, die Ich-Bestätigungen, die ununterbrochen durch unser Bewusstsein rauschen, erzeugen eine Sinnestäuschung, eine Illusion der Trennung zwischen uns und dem Wirklichen.

Unsere Separation vom Leben bzw. von unserer Liebe drückt sich in der zerstörerischen Weise aus, wie wir uns und die Schöpfung behandeln.
Die Kränkung von uns Selbst wird so zur Krankheit des Planeten. Unsere irrtümliche Identität wird zur Ursache unserer Selbstzerstörung.

Weil wir an unserer schützenden Identität unbewusst festhalten, darum weisen wir unser wirkliches Sein in permanenter und zwanghafter Wiederholung zurück. *Wir sind es selbst,* die die Kränkung und den Schmerz der Separation von Augenblick zu Augenblick erneuern.

Weil wir die Kränkung in uns verdrängen, darum wiederholen wir sie. Dadurch, dass wir die Selbstverneinung in uns leugnen, zwingen wir uns, sie in unserem individuellen und kollektiven Schicksal immer wieder neu zu inszenieren. Wir leben dadurch im Orbit unseres verdrängten Dramas. Das ist Ignoranz. Das ist ein alptraumhaftes Leiden ohne Bewusstsein und ohne Ende. Es ist ein Teufelskreis, der die Hölle erzeugt, in der wir schon seit langem leben.

Die Befreiung von unserer Ignoranz geschieht, wenn wir jeden Schutz aufgeben, den Schmerz unserer verletzten Liebe in Liebe und Bewusstheit annehmen und wir uns so wieder, mit dem was ist und was wir sind, vereinen. Die Auflösung des Dramas geschieht, wenn wir uns unserer Verantwortung bewusst werden, sie anerkennen, uns verzeihen und die Schuld an unserer Separation in bewusster Selbstliebe auflösen. Es ist der Ausgang aus unserer selbstverschuldeten Illusion der Trennung vom Ganzen.

In einer radikalen Entspannung lassen wir unsere Angst, unsere Identifikationen und unseren Schutz los. Wir werden wieder verletzlich, offen und unschuldig wie ein Kind. Das ist der Zustand, in welchem das Erwachen aus dem Vergessen stattfinden kann, und wir uns im All-Einssein erinnern, wer wir *wirklich* sind und was wirklich IST.

Mein Buch möchte dazu inspirieren, sich zu erinnern.

Vergiss aber bitte nicht - alles sind nur Worte *über* das Unsagbare - und darum von Beginn an zum Scheitern verurteilt. Sie können nicht die Wahrheit selbst sein, aber vielleicht inspirieren die Worte dich, die Wahrheit in Dir zu finden.

Das, worauf der Text hinweisen möchte, kann nicht vom Verstand erfasst werden. Der Verstand selbst und der Wunsch nach Erklärung ist ein großes Hindernis auf dem Weg zur Selbsterkenntnis. Der Verstand- schützender Wächter über unser Herz- muss vielmehr überlistet werden, damit die Weisheit, die Du bist, ihren Weg ins Freie findet. Ich empfehle darum, das Buch wie ein Gemälde oder ein Gedicht zu lesen. Was zunächst unverständlich erscheint, wird vielleicht später klar.

Ich möchte auch darauf hinweisen, dass, wenn im Text die „Wir"-form benutzt wird, im allgemeinen „wir" Menschheit gemeint sind. Ich bin mir bewusst, dass das als eine unzulässige Verallgemeinerung aufgefasst werden kann. Nicht jeder Leser kann sich darum im Gemeinten wiederfinden. Ich bitte diese Leser, mir diesen Kunstgriff zu vergeben. Mein Rat: nimm nur die Inspiration mit, die Dir hilft dich selbst besser zu verstehen

Alles Liebe und viel Freude beim Lesen

Yoshi Frey
Ubbhult 2019

7

Inhaltsverzeichnis

I. Verwicklungen der Liebe

Willkommen im Traum
Liebende und Liebender

Schön, dich zu sehen.

Wie hat Dir deine Geschichte bisher gefallen?

Köstlich?
Aufregend?
Verwirrend?
Ermüdend?
...
Schmerzhaft?

Was wäre dieses Lebensdrama
ohne all die schmerzhaften Verwicklungen
unserer Liebe?

WER?
Sind wir *eigentlich*?
- *ohne* das Versteck in welchem wir unser „goldenes
Kind" vergaßen?

Willst Du dich erinnern und aus dem Vergessen
aufwachen?

Aus Angst, jemand könnte uns zurückweisen, so wie wir
sind, haben wir eine Person gespielt, die uns Sicherheit

gab und von der wir hofften, dass sie die Anerkennung erhält, die man dem, was wir *wirklich* sind, nicht schenken wollte.

Jede Anerkennung für unsere Anpassung wiederholt jedoch nur unsere Kränkung und den Schmerz, dass *wir*, der wir *wirklich* sind,
nicht gesehen werden.

Wir zeigen ein Bild von uns und vergessen dabei uns, der wir sind. Wir sind so beschäftigt, uns vor dem Gefühl der Wertlosigkeit zu beschützen, oder es zu kompensieren, dass wir dabei das zu Beschützende, das Kind in uns, *vergessen* haben. Wir sind Gefangene unseres Selbst*bildes*, weil wir vergessen haben, wer wir *wirklich* sind.

Das Vergessen, wer wir wirklich sind, erzeugt in uns die Illusion, wir wären von unserem wahren Sein, d.h. von unserer Liebe und von unserem Glück für immer getrennt. Das Vergessen erzeugt, mit anderen Worten, die Illusion, dass wir und das Absolute Getrennte sind. Es erzeugt die Illusion, dass wir ein *Jemand, dass wir etwas von unserer absoluten Liebe Abgesondertes* sind.

Wir identifizieren uns mit unserem Bild von uns selbst. Unser *Glauben*, wir seien ein vom Alles abgetrennter *Jemand,* ist in Wahrheit die Verneinung unseres wirklichen Seins und die Ursache unseres Dramas.

Diese Illusion verursacht ein tiefes und von uns mit der Zeit mehr und mehr verdrängtes Leiden. Wir wollen unsere Illusion, um jeden Preis aufrechterhalten - weil wir Angst haben, unserer Verletzung, unserem Schmerz und der Wahrheit, wer wir wirklich sind, zu begegnen.

Die Verdrängung und Zerstreuung wurde so zu unserem innersten Lebenszweck.

Wir haben unsere ganze Kultur darauf aufgebaut. Unsere Ökonomie und Politik spiegelt und fördert unsere Wahl, das Urdrama unserer Liebe und unseres Bewusstseins zu verleugnen -

und gerade durch die Verleugnung der Selbstverneinung re-inszenieren wir unser Leiden

- permanent,

- von Augenblick zu Augenblick.

Die Kränkung der Liebe zu verleugnen, ist erneut eine Kränkung der Liebe, die wir sind.

Und doch - trotz scheinbar erfolgreicher Verdrängung - irgendetwas nagt an unserem Dasein, etwas, das uns nicht ruhen lässt. Es treibt uns rastlos durch unser Leben. Es ist wie ein Splitter in unserem Geist. Unsere durch uns verschlossene Quelle ist versiegt. Die frische Kost aus dem Fluss unseres offenen Herzens bleibt uns versagt. Unsere Angst herrscht über unsere Quelle.
Von ewigem Hunger getrieben jagen wir nun von einem Versprechen zum anderen und suchen nach Anerkennung, Liebe, Glück, Macht und Reichtum in unserem nach außen projizierten Drama.

Alles leere Versprechen, die unseren inneren Hunger niemals werden stillen können.

Und stets suchen wir ein neues Ziel, wenn wir eines erreicht haben - denn jedes Mal war die Erleichterung nur kurzatmig. Die Suche wird zur Sucht. Wir brauchen sofort ein neues Versprechen, das uns erneut auf eine Suche schickt - nur um von neuem enttäuscht zu werden.

Irgendetwas suchen wir - oder sucht *etwas* uns? Wir haben vergessen, *was*..
Wir erinnern uns nicht mehr, *was* wir vergessen haben, weil wir auch seit langem vergessen haben, *dass* wir vergessen haben.

Das ist die große Irrfahrt, die lange Suche unseres Lebens nach dem verloren geglaubten Glück. So beginnen die unendlichen Verwicklungen der Liebe, die wir sind. Jedes neue leere Versprechen auf das Paradies verführt uns erneut in ein Leiden schaffendes Drama, in welchem wir erneut verleugnen, dass das, was wir suchen, das ist, was wir

in Wirklichkeit SIND-

und was auch

JetztHier

DU

BIST.

Der Deal

Das war das Übereinkommen:
Wir erleben die Liebe und DAS, was wir sind, durch den Schmerz der Trennung.
Ohne den Schatten würden wir das Licht nie erfahren können.

Aber - in Wahrheit - so haben wir uns immer nur EINGEBILDET, dass wir vom EINEN, der wir sind,
Getrennte waren - es war nur eine Sinnestäuschung. Es konnte immer nur eine Selbsttäuschung sein, denn das EINE kann niemals von sich selbst getrennt sein.
Es ist das, was ist – das seiende Bewusste an sich.
Wir haben die Erinnerung an unser Seiendes nur vergessen. Das bewusste Sein hat sich selbst nur vergessen. Es wurde nur unbewusst für sich selbst.
Wir haben "uns" während der Suche nach unserem wahren Selbst nur scheinbar verloren.
Niemals war die Trennung wirklich.

Eigentlich, wenn wir absolut ehrlich mit uns gewesen wären und wir all den verführerischen Versprechungen auf das spätere Paradies nicht geglaubt hätten,
dann hätten wir die Suche nach dem verlorenen Glück immer als Trick durchschauen können. Ein Trick, mit dessen Hilfe wir die Illusion der Separation vom EINEN und damit all die unterhaltsamen Leidensgeschichten unserer Person inszenieren konnten.

Wir lieben diese Leidensgeschichten. In der illusionären Geschichte eines „Jemanden" gefangen zu sein, schenkt uns die Selbsterfahrungen, die uns bereichern.

Nicht wahr,
wir lieben unsere Dramen sehr.
Wir sind richtige Sehn-Süchtler, wahre Leidens-schaffer.
Wer gerne sucht, der hat eine Sucht.
Wir sind süchtig auf die Geschichten der Suche nach dem Glück und möchten die Illusion unserer Trennung vom EINEN SEIENDEN nicht so gerne aufgeben.

Es ist vollkommen gut so.

Lasst uns unsere Sucht

in Liebe
und Bewusstheit
annehmen
und so unser Glück finden.

Also, liebe Liebesleidgenossen und – genossinnen: wollen wir weitermachen, so wie bisher,
                und in unserem Drama tragisch (komisch?)
untergehen....

oder sollen wir ein neues Kapitel aufschlagen?

Ich meine, sollen wir uns und unsere WELT draufgehen lassen, weil wir die VERANTWORTUNG für die sehr lange und blutige Geschichte unseres Leidens im Vergessen nicht übernehmen wollen,
und weil wir dem Betrug an unserem SEIENDEN Selbst nicht in die Augen zu schauen wagen? Weil das Erkennen unserer Verantwortung an unserem Drama allzu pein - lich schmerzhaft wäre?

Wie wäre es mit einem lockeren, spielerischen und schöpferischen Verhältnis zu unserem *Glauben*, wer und was wir sind? Wir lieben eben den Selbstbetrug, die Verwicklungen und das Schauspiel, das sich daraus entfaltet.

Wir haben die Geschichten IMMER selbst erschaffen, um die Suche und die Illusion, wer wir sind, am Leben zu erhalten.
Wir wollten doch wirklich ALLES auf dieser Suche erleben.

Nur jetzt, wo die Menschheit dabei ist, sich diesem Schauspiel bewusst zu werden,
- gezwungenermaßen, weil sie sonst dabei ist, sich zu zerstören -
könnten wir genussvolle Mitspieler des Lebens werden, liebevolle Traumtänzer im gemeinsamen Traum,

- das Leben und die Erscheinungen feiern,
und immer FREI im Bewusstsein sein, dass

ICH DER BIN, DER IST

und ICH mich in (m)einem Traum befinde.

Immer im Bewusstsein, dass das Bewusstsein, das „ICH BIN", alles ist, was ist. Wir SIND das, was IST.

„ICH BIN" ist der geistgleiche Raum, in welchem alles erscheint. „ICH BIN" ist der Raum, an welchem wir gemeinsam teilhaben.
Die Trennung ist eine Sinnestäuschung, geschaffen durch unseren Glauben an unsere Geschichten und Gedanken.

Die plötzliche Erinnerung
ist ein heil(ig)ender Schock.

Wie wäre es, wenn wir auf diese Weise, den
HERRSCHENDEN Albtraum,

fingerschnippend

beenden?

Wie, wenn wir den Traum in einen genussvollen Tanz,
in eine Feier des Lebens verwandeln,
in welchem wir uns selbst als DER Träumer
wiedererkennen?

Wie, wenn wir unser wahres Glück – die absolute
Erinnerung - durch die Verwicklungen in unserem
Traum nur vergessen haben? Was, wenn das ewig
wiederholte Vergessen durch das Verdrängen des
Trennungsschmerzes unseren heiligen Traum zu einem
bitteren Albtraum werden ließ?

Wie, wenn wir sprachlos schauend, *hinter* unseren
Bildern *über* uns selbst,
unser heiliges, bewusstes Seiende *direkt* gewahr
werden, und
wir uns so

ER-INNERN,

dass wir *immer*
die Verantwortung und die Macht hatten und haben,
um ein Paradies in uns und durch uns
auf Erden zu erschaffen?

Wie wäre es, wenn wir dieses schmerzvolle Weltendrama abschließen und einfach eine heitere Liebeskomödie schaffen?

Wie wäre es, wenn wir unser Leben auf diese Weise endlich transformieren, weil wir endlich schöpferische Verantwortung übernehmen?

Einfach, weil das Leiden reicht!
Es reicht einfach, weil es zu dumm ist, dieselbe Leier seit Tausenden von Jahren immer wieder zu wiederholen.

Er reicht!

Stopp!

Die Schnulze ist aus!

Basta!

∞

Wie?
Alles ist vorbereitet.
Alle ahnen wir bereits das Ende des Lügendramas.

Ob es ein Happy End gibt, eine Auflösung in einem kosmischen Gelächter
oder
ein tragisches Ende im krampfhaften Festhalten an unseren Illusionen
.....WIR HABEN DIE WAHL!!
ICH - DU - WIR

JETZT HIER SOFORT
BEDINGUNGSLOS EHRLICH BEWUSST
und .. MUTIG

..

Bitte,
ich möchte alle Leidensgenießer einladen, das Lachen
über sich selbst zu erlernen.

....Damit sich dieses Lachen wie ein Glücksvirus über
den Globus verbreitet und alle eingebildeten Mauern
zwischen uns und unserem Glück zum Einstürzen bringt.
... denn sie waren ALLE nur Hirngespinste,
Konstruktionen in unserem Geiste. Sie waren niemals
der GEIST an sich.

Die Ideen waren darum niemals wahr! Wahr ist das, in
welchem die Ideen erscheinen: das Bewusste Seiende,
der GEIST.

Das Drama und das Leiden ist nur ein BLUFF!
Unsere Hölle ist ein Selbstbetrug!

Dieses befreiende Lachen über den Bluff wird den
Albtraum, den unseren Geist und diesen Planeten
beherrscht, in seine lächerlichen Bestandteile zerbröseln
und mit einem Schlag

wird sich eine Welt vor unseren Augen enthüllen,
deren Schönheit wir

soooooo lange ....

vermisst haben.

In Tausenden von Jahren haben wir uns selbst versklavt und ausgebeutet, haben die Schönheit der göttlichen Schöpfung geschändet und uns selbst der LIEBE, der Erinnerung im EINEN, der wir sind, verweigert.

Wir haben wirklich alles Erdenkliche ausgelebt,
und...... *ach!*
Es geht einfach nicht mehr. Diese Gewalt ist nicht mehr auszuhalten. Es reicht einfach.

Wir sind so unendlich vielen Lügen, wo unser Glück zu finden sei, nachgelaufen und haben uns bei jeder neuen Lüge von neuem die Köpfe blutig geschlagen und haben uns auf der Suche nach dem großen, versprochenen Glück, was weiß ich nicht alles angetan.

Wer hat es satt, den Heilsversprechungen hinterher zu laufen?

Sind nicht letztlich alle Heilsideologien wortgewalttätige Illusionen, die die Suche aufrechterhalten und somit das Finden verhindern?
Von Anfang war es doch deren Zweck unseren Geist in die Ver – Suchung zu verführen, in die Ignoranz für das, was wir bereits JETZT und HIER SEIEND sind.

Wir griffen doch letztlich immer nur nach Schatten, nach kalten Erklärungen, nach neuen starren Mythen über uns und die Welt. Unser Greifen erzeugte doch nur immer wieder von neuem das Leiden, von welchem das Heilsversprechen behauptete, dass es uns erlösen würde.
Wir wurden doch immer wieder nur von Neuem um unsere Liebe und Freiheit betrogen, indem wir unsere Selbstverantwortung an die Ver - Führer verkauften.

Das, was wir sind, wird offenbart, wenn alles Greifen nach Erklärungen und Worten aufgegeben wird.

Die Erfahrung, das Seiende zu sein, offenbart sich ganz natürlich von selbst, wenn der Geist - frei von Worten und Gedanken - still in sich hineinlauscht; wenn nichts mehr erklärt werden will und wir DIESEN ewigen Moment vollkommen so annehmen können, wie er gerade ist.

Ganz Einfach: BEWUSST. DA . SEIN .

∞

Leider wollen wir die Selbsttäuschung nicht so einfach aufgeben. Wir *wollen* glauben, dass wir sind, was wir glauben. Die Verschleierung unseres wirklichen Seins durch unsere Glaubensvorstellungen ist unsere Sucht, denn sie hält unsere Illusion, *Jemand Besonderes* zu sein, am Leben.

Wer wären wir, ohne unseren Glauben bzw. ohne unsere Identität? Erstaunlich, wie wir unser Seiendes hinter unseren Glaubensvorstellungen verstecken – wir spielen Verstecken, während wir behaupten, dass wir suchen.

Es braucht Mut, um sich bedingungslos zu öffnen. Mut, um die Verbundenheit, die Liebe und die Schönheit dieser Welt wieder zu erfahren; um sie wieder zu SEIN.

Denn der Preis ist, wieder verletzlich zu werden.

Die Angst erzählt uns viele Geschichten über den Schmerz, den wir erleben müssten, falls wir uns bedingungslos öffnen. Sie erzählt, wie wir schutzlos werden, wenn wir NICHTS mehr zu wissen haben, wenn kein Schutz und keine Abtrennung mehr zwischen uns und dem SEIENDEN existiert.

Die Angst erzählt uns, der ALTE Schmerz der zurückgewiesenen Liebe wäre gefährlich zu fühlen. Die Freiheit, wenn wir unsere mentalen Gefängnisse verlassen, wäre daher auch gefährlich. Die Angst wird zum Herren, zum Wärter, der uns eine falsche Sicherheit verspricht.

Wir bauen Identitäten, Ideologien, Religionen, wahre totalitäre mentale Gefängnisse, um unsere Verletzlichkeit und leider auch unsere seiende LIEBE darin zu verbergen. Unsere grauen Weltbilder werden zu Gefängnissen unserer Herzen, die das Leben, die Liebe und die Freiheit des GEISTES in und um uns herum erdrücken.

Aus Angst vor dem Schmerz der Verletzung, sperren wir unsere Liebe ein und weisen so unser Selbst zurück - und leben dadurch tragisch im Schmerz der illusorischen Trennung von unserem SEIENDEN.
Die Ironie ist, dass wir Diener der Angst werden, die das Leiden erst erzeugt, vor der uns ihre Geschichten warnten.

Dieses perpetuierte Leiden spiegelt sich in unserer Welt. Man findet es in den Gesichtern. Es wird in unendlichen Lebensgeschichten wiederholt. Wir Menschen haben uns in diesem Urdrama wirklich blutig geschlagen.

Solange wir das nicht sehen wollen, werden wir Gefangene unserer unbewusst wiederholten Selbstunterdrückung bleiben. Der Schmerz der Verneinung unseres heiligen Selbstes *will* gesehen und bewusst erfahren werden!

Er will gesehen und erlebt werden, damit er in unserem Bewusstsein verbrennen kann, damit er in LIEBE angenommen, geheilt und transformiert werden kann!

Der verleugnete Schmerz

Bitte,
fühle doch einmal nach, wie die Liebe immer wieder verletzt wird. Fühle doch einmal den Schmerz in der "Realität", die wir gemeinsam geschaffen haben.
Spürst Du ihn?
Zyniker sagen: So ist es nun mal. Wir Menschen waren immer so. Es gibt nichts Anderes.

Der Widerstand, den Schmerz zu fühlen, macht sie blind für den, der sie sind.
Sie verschließen sich damit ihrem Selbst. Und *darum* gibt es nichts Anderes.

Wirklicher Mut ist, *bereit* sein, ihn zu fühlen.
Durch diese Bereitschaft geschieht ein großes Wunder.

Wir finden *uns*,
jenseits des Schmerzes
über das verlorene Glück.
Liebe findet sich wieder.

Denn der Schmerz kommt aus der derselben Quelle, wie die Liebe.
Wer sich dem Schmerz verschließt, der verschließt sich auch der Liebe.

Der Schmerz ist nur Ausdruck
der Sehnsucht der Liebe nach sich selbst.

Begrüße den Schmerz über die verlorene Liebe und du begrüßt die Liebe selbst in deinem Haus.

Dann geben wir den Widerstand auf,
dann geben wir die Flucht auf,
irgendwo nach Betäubung vom Schmerz zu suchen.
Wir geben die Lüge auf,
irgendwann später unser Glück zu finden.

Dann geben wir den Selbstbetrug auf, jemand anderer sollte uns von der Quelle speisen lassen, die *wir* verschlossen haben und dass jemand anderer uns von dem Schmerz erlösen sollte, den *wir selbst* permanent unbewusst erzeugen.

Wir lassen alles los,
Wir geben alles auf.

Wir wissen nicht, was geschieht.
Wir akzeptieren alles, was kommt.
Wir verzeihen alles
Wir fallen voller Vertrauen
ins Leere.
Wir werden
Offen,
Hingebend,
Frei,

Verbunden

wie wir *in Freiheit* sind.

Und sehen......
alles hat wieder einen Wert,
besitzt wieder Schönheit,
ist wieder kostbar.

Ganz, SO, wie es ist.

- *im Loslassen und Annehmen*

finden wir uns
wieder

Seiend
im

HIER!

und

JETZT!

Wir wollen ein Paradies auf Erden schaffen? Dann müssen wir erst einmal bereit sein, die Hölle, die wir erzeugen, endlich

E H R L I C H

wahrzunehmen.

Erst dann kann SEHEN geschehen.

Erst dann kann VERANTWORTUNG geschehen.

Erst dann kann VERGEBUNG von uns selbst durch uns selbst geschehen.

Und dann erst kann die LIEBE ihr Reich in uns und um uns entfalten.

∞

Das unaufgelöste Urdrama - die Kreuzigung des Heiligen

Die Kreuzigung der Liebe, des Heiligen in uns, ist das Zeichen unserer Kultur.

Da hängt es nun, das Heilige, seit über 2000 Jahren in der Mitte unserer Kirchen und mahnt uns zur Erinnerung an das unerledigte Urdrama des Menschen:
- die Kreuzigung des Heiligen in unserer Mitte.

Wir haben sozusagen eine Leiche in unserer Mitte - und sie stinkt zum Himmel.
Die gekränkte Liebe verpestet das Leben in und um uns.
Noch immer ist die Wunde offen und wird das goldene Kind in unserer Mitte ignoriert.
Einer wundert: Wie lange noch?

Das Symbol der Kreuzigung ist da, um uns zu Bewusstsein zu bringen, was wir so beharrlich vergessen wollen. Die Bewusstwerdung ist der Sprung aus der Verdrängung.
Sie ermöglicht die Befreiung von dem Zwang, die Kränkung der Liebe durch die Verdrängung der Kränkung zu wiederholen.
Wir haben das Geschenk der Kreuzigung nicht benutzt, um uns der Verletzung unseres Heiligen bewusst zu werden, sondern vielmehr, um mit Hilfe von Schuld und Sühne unser Gesicht noch tiefer vor unserem Selbst, bzw. vor dem Seienden zu verstecken.

Die christliche Kultur missbraucht die Botschaft der Befreiung, um sich im Namen Christi zu ur - teilen.
Anstatt in Selbstverantwortung unsere Liebe vom Kreuz der Kränkung zu befreien, verwickelten wir uns durch

eingeimpfte Schuldgefühle noch tiefer in die Zurückweisung unserer Verantwortung und in den Schmerz, der bedingungslosen Liebe (Gottes) nicht wert zu sein.

Wir projizierten unsere Selbstverurteilung auf eine äußere Gottfigur und veräußerten damit unsere Verantwortung und Macht, uns selbst heilen zu können, an Institutionen, die von unserer Weigerung, die Verantwortung zu übernehmen, profitieren.

Wir haben stattdessen die Verdrängung unserer Schuld durch unsere Ökonomie institutionalisiert. Wir projizieren kollektiv unsere Schuldigkeit auf eine Geldmacht, die auf Schuldansprüchen basiert.

Der Dienst an unseren akkumulierten Schulden hat so das Leben der Menschheit mit unerkanntem Wahnwitz in Besitz genommen.

Wer im Dienste der Schuld lebt, dessen Liebe ist nicht mehr frei. Der verkauft seine Liebe und seine Seele für das leere Versprechen auf das Paradies in der Verdrängung des Dramas und der Zerstreuung im materiellen Rausch. Wir bestrafen uns selbst zu einem Leben in einem Sklaventum, das wir uns nicht einmal eingestehen können, weil wir dann die spirituelle Schuld, den Verrat an unserem Heiligen für Geld, anerkennen müssten. Der Mammonismus ist Ausdruck unserer Verdrängung des Urdramas unserer Liebe. (siehe mein Buch *Die gläubigen Schuldner*)

Unser Urdrama wird verleugnet von einer Welt, die die trostlosen Betäubungen im endlosen Konsumrausch zum kulturellen und ökonomischen Dogma erhoben hat.

Das unbewusste Verweilen in der steten Wiederholung der Kränkung unserer Liebe erzeugt eine Wirklichkeit voller Verantwortungslosigkeit.

Die Verdrängung ist fast perfekt. Die Fassaden sind glatt, anonym und kalt. Alles wirkt irgendwie - *sauber* und unter total(itär)er Kontrolle. Wer wollte unter der glatten Fassade unserer oberflächlichen, neuen Welt die lächelnde Fratze einer Diktatur der Schuldverdrängung vermuten?

Wir haben unseren Wahnsinn zum Normalzustand, zur einzig wirklichen Wirklichkeit erklärt.

Wer Zweifel an dieser Wirklichkeit hat, wer im Dienste der Liebe steht, ist ein Träumer, ein Spinner, irreal, wenn nicht gar gefährlich, denn er oder sie stellt die herrschende (Un-) Ordnung in Frage.

Wer den Schmerz spürt und den Wahnsinn ahnt, in welchem wir in aller Selbstverständlichkeit eingesperrt sind, der liebt die Liebe mehr, als alles andere.

Der wählt lieber den Schock des Bewusstwerdens, als das Geschäft, ein scheinbar bequemes Leben zum Preis der andauernden Verdrängung leben zu müssen.

Der wählt, alle Lügen zu entschleiern und zu entblößen, die ihn gefangen halten.

Der wählt, das Drama der Selbstverneinung zu schmecken, es zu fühlen und es zu verstehen. Der wählt, die Flucht vor sich Selbst zu beenden. Der wählt, sein Selbst, sein Seiendes, seine absolute Liebe, zu befreien.

Die Kränkung der Liebe, die wir sind

Viele glauben, sie sind aus dem Reich der Liebe verstoßen. Liebe ist für sie nur noch ein Geschäft, bei dem jeder mehr haben möchte, als wie er gibt. Sie haben ihre Kränkung schon so rationalisiert, dass sie sich einreden, das sei die herrschende Ordnung und darum in Ordnung.

Manche sind verletzt, weil niemand die Liebe sieht, die sie sind.

Vielleicht sind es ganz alte Verletzungen aus der Kindheit, warum sie ihr goldenes Kind und ihre Kränkung an einem sicheren und verborgenen Platz gefangen halten. Vielleicht haben sie sich irgendwann entschieden, ihre Eltern und die Welt mit ihrer verweigerten Liebe zu bestrafen und sie nur noch unter Bedingungen zu vergeben.

Sie hofften vielleicht, die Welt würde dadurch verstehen, wie sehr es schmerzt, wenn die Liebe, die man ist, ignoriert wird.

Aber niemand verstand, denn die Adressaten der Anklage waren selbst schon lange im selben Drama gefangen, in welches man gerade als Kind eingeführt wurde. Und sie hatten schon seit Langem ihr verletztes Kind und ihr wirkliches offenes Sein vergessen. Sie waren schon Verwachsene. Sie wollten an Alles, nur nicht an ihr Drama erinnert werden. Ihre makellose Maske, die sie über ihr Unglück stülpten, hatte bereits fest von ihnen Besitz ergriffen. Die Kontrolle über ihren Schmerz war ihnen wichtiger geworden als ihr Glück.

Sie konnten und wollten das Liebesdrama des Kindes nicht sehen - was den Entschluss, ihre Liebe zu verstecken, nur bestärkte.

Der Schmerz war so unerhört, dass man sich entschieden hat, fortan sein Licht zu verstecken.

Wie konnte die „Welt" so grausam zu mir sein? Wie konnte Gott oder das Universum, mich in diese lieblose Welt schmeißen, in eine Gemeinschaft voll gieriger Liebesgekränkter, die dabei sind, diesen schönen Planeten in einen unbewohnbaren Platz zu verwandeln?

Fortan verstecke und beschütze ich meine Liebe, sagt vielleicht manch einer unbewusst. Beleidigt wartet man darauf, dass eine "höhere Macht", ein "jenseitiger" Gott, eine gerechtere Weltordnung, der "richtige" Partner, ein Guru oder materieller Überfluss uns aus unserem Mangel befreien.

Was auch immer- Jemand *anderer* oder etwas *Anderes* soll diesen Job für uns tun.

Der kleine "Teufel" hat aus gekränktem Liebesschmerz, dem Leben, und damit der Liebe selbst, Rache geschworen, weil er sich aus dem Reich der Liebe verstoßen fühlte.

Wir verweigern aus Schmerz über unsere zurückgewiesene Liebe der Welt und den Mitmenschen unsere Liebe. Man fordert eine Schuldanerkennung, dass die Verletzung stattgefunden hat und durch dieses Beharren verletzt man in Wahrheit seine Liebe und damit sich selbst immer und immer wieder.

Der Akt der Verweigerung ist ein Racheakt an denen, die einen verletzten - und gerade dadurch verletzt man selbst die Liebe, die man in Wahrheit ist. Das ist die unbewusste Selbstverneinung, die schließlich zur Selbstzerstörung führt - und man will sie auf keinen Fall wahrhaben. Man weist so die Liebe und das Leben, das man ist, selbst stets von Neuem zurück.

Die Verweigerung macht einen blind für die Wahrheit, dass man selbst verantwortlich ist für das Drama in welchem man lebt.
Man gerät so in einen wahrhaftigen Teufelskreis.

Die Liebe, die man ist, kann so lange nicht erlebt werden, solange man nicht bereit ist, den alten Schmerz der Zurückweisung unserer Liebe in Liebe anzunehmen und bedingungslos Allen, besonders sich selbst, zu vergeben.

Solange man den Schmerz zurückweist und Gerechtigkeit einfordert, bevor man bereit ist, seine Liebe wieder zu verschenken, solange bleibt man das beleidigte und destruktive Kind - und unser kleiner "Teufel" reitet einen durch unsere selbstgemachte Hölle.

Die Blindheit für die eigene Selbstverweigerung ruft außerdem permanent Situationen in unserem Leben hervor, die schmerzhaft die Selbstverneinung reflektieren. Es "passiert" einem, dass man seine Leidensstory andauernd wiederholt. Und man muss sie wiederholen, weil man sie sich nicht bewusstwerden möchte. Durch den Widerstand sich unserer Selbstverneinung bewusst zu werden, zwingen wir uns dazu den Schmerz der Selbstverneinung permanent in unserem Leben zu re-inszenieren.

Die Blindheit wird so zum Motor unseres Schicksals. Die persönliche Leidensgeschichte ist in ihrer Erweiterung nur ein Aspekt der Leidensgeschichte der Menschheit.

Und solange wir uns für unsere Kränkung und Selbst-Verneinung blind machen, "passiert" es uns auch automatisch, dass wir unseren Kindern unsere Kränkung übertragen.

Gekränkte Eltern kränken ihre Kinder. Das ist die „Erbsünde", die von Generation zu Generation weitergereicht wird.

Wessen Liebe gekränkt ist, der kränkt auch die Liebe seiner Nächsten.
Gekränkte kränken.
Von Eltern zu Kindern. Von Menschen zu Menschen. Von Völkern zu Völkern.

Die Kränkung ist virulent. Die Kränkung der Liebe ist die Seuche des menschlichen Bewusstseins.
Irgendeine Generation muss diese Kette unterbrechen, damIt Heilung geschehen kann.

Unsere Verantwortung ist es im JETZT die Heilungsarbeit zu beginnen. Unsere persönliche Heilung ist das größte Geschenk an uns, deine Nächsten und an die Welt.
Die Befreiung unserer Liebe ist das mutigste und großartigste Projekt der Menschheit.

Die Begegnung mit den Gefühlen der Vergangenheit kann nur im Jetzt geschehen. Heilung von unserer alten Kränkungsstory kann nur durch ihre Akzeptanz im Jetzt geschehen. Darum kann eine Veränderung unserer

alten Identität durch bewusste und annehmende Aufmerksamkeit in diesem Augenblick geschehen.
Nur wir selbst können das Drama annehmen - niemand sonst - und es dadurch auflösen.

Im bewussten Annehmen unserer Story im Nun gewahren wir, dass unsere Liebe niemals verloren gehen konnte. Wenn das Herz noch einmal bricht, dann bricht der Widerstand, der psychische Schutz, der uns selbst verloren gehen ließ.

Zutiefst wussten wir immer, dass wir Liebe sind, dass Liebe das Seiende ist. Wir waren *immer* zu Hause.
Ohne die *Geschichte* vom Schmerz der abgewiesenen Liebe, kehren wir in die liebevolle Verbundenheit mit uns selbst im Nun zurück. Durch diesen bewussten Schritt in die Öffnung und Annahme von allem
leben wir wieder aus vollem Herzen.

Keine Geschichte – keine Zeit – kein Leiden.
Liebe ist…voll DA sein im Jetzt!

Versuche nicht, die Geschichte aufzulösen.
Die Geschichte löst sich auf, wenn wir uns von ihr lösen, d.h. sie loslassen. Loslassen heißt vollkommen akzeptieren. Akzeptieren heißt, sie zu spüren. Heißt, ALLES zu spüren, was gespürt werden möchte – ohne Widerstand.

Das Leiden entsteht durch den Widerstand gegen den Schmerz. Je mehr man gegen ihn kämpft, desto tiefer lebt man im Leiden.

Das Sich-vergessen im Widerstand zementiert die Illusion, dass wir vom freien und natürlichen Fluss des Lebens und der Liebe abgeschnitten sind.

Wir re-inszenieren so unser Leiden permanent, weil wir durch den Widerstand gegen unseren uralten Schmerz in einer Geschichte verweilen, anstatt in der Schönheit *DIESES* ewigen Augenblickes bewusst SIND.

Wir werden in der Tat mit dem Widerstand selbst identisch. Wir vergessen dabei unser wahres Selbst, das Seiende, das stets im Jetzt präsent ist.
Niemand konnte unsere Liebe jemals zurückweisen - nur wir selbst. Nur wir selbst können die Identifikation mit unserem Widerstand auflösen und so in einen bewusst offenen Seinszustand zurückkehren.

Wir haben nur die allgegenwärtige Präsenz unserer Liebe im Jetzt vergessen, während wir in der Angst vor einem möglichen zukünftigen Schmerz lebten, den wir in der Vergangenheit erfahren hatten. Die Geschichten, die durch unseren Geist rauschen, sind Ausdruck unserer Angst. Die Geschichten färben die Erfahrung dieses EINEN momentanen SEINENDEN.

Unsere Aufmerksamkeit ist mit dem Dauerrauschen von Geschichten und Gedanken unserer Angst beschäftigt.

Die Geschichten und die Angst erzeugen in unserer Wahrnehmung der Wirklichkeit eine Sinnestäuschung

Die Geschichten der Angst erzeugen die Illusion der Zeit und die Illusion der Trennung von der LIEBE, d.h. der Erfahrung der Verbundenheit mit dem SEIENDEN in DIESEM JETZT

Lassen wir die Angst vor dem Schmerz los, indem wir ihn liebevoll annehmen und bewusst bereit sind, alles zu fühlen und zu erleben - dann erfahren wir die Wirklichkeit, direkt so wie sie ist.

Es waren und sind immer nur die Gedanken der Angst, die uns aus dem Gewahrsein
der Liebe,
d.h. der Gegenwart entführten.

Beobachte die Gedanken - sie kommen und gehen – aber das bewusste Gewahrsein im Nun, *wir selbst,* verbleiben.

Wir, das bewusste Sein, konnte zweifellos niemals verloren gehen.
Wir haben uns nur in den Geschichten unserer Angst selbst vergessen.

Liebe ist…..keine Angst.

II. *Das Ego- Schutz und Gefängnis*

Die Emigration unseres verletzten Kindes in ein inneres Refugium wird zum engen Zuhause unserer Seele. Einige nennen dieses Zuhause „Ego".

Im inneren Refugium ist man geschützt vor - aber auch alleine mit - seinem Schmerz. In dieser Höhl(l)e der Einsamkeit verkrochen, werden Versuche, Kontakt mit dem verletzten Kind aufzunehmen, als Gefahr empfunden.

Der Schutzbedarf wird ständig rationalisiert und legitimiert - die Angst bedient sich des Verstandes, um sich so zum Wächter über unser Herz zu erheben.
Der Verstand tut alles, um seine Wächterposition zu erhalten. Er warnt uns dringend davor, die Kontrolle zu verlieren.

Der Verstand macht uns Angst, dass wir sterben würden, wenn wir die Kontrolle und den Schutz loslassen. Er erzählt uns, wie sehr wir verletzt wurden, als wir offen waren und er projiziert diesen alten Schmerz auf eine mögliche Zukunft.

Der Effekt: Wir weisen ständig die liebende Schönheit und die absolute Perfektion dieses Augenblicks zurück. Die alten Geschichten unserer Verletzungen leben uns, um den Schutz, die Separation von unserer Liebe und damit die Illusion eines abgetrennten Seins (eines Egos) aufrechtzuerhalten.

Die Geschichten der Verletzungen unserer Liebe haben also eine wichtige Funktion bei der Erzeugung der

Illusion in der wir leben. Sie halfen uns, die Story unseres Lebens zu schreiben.
Nichts war falsch.
Diese Einsicht ist wichtig, um eine versöhnliche und somit heilende Haltung zu unserem Schicksal zu finden.

Die „Wiedereröffnung" unseres Herzens ist unsere äußerste Sehnsucht. Wir sehnen uns zutiefst danach, zum Leben wieder Vertrauen und Dankbarkeit zu empfinden. Wir sehnen uns nach dem Erlebnis des Verliebtseins mit diesem Augenblick, nach der Gewahrung der Einheit mit dem EINEN SEIN, der wir sind.

Diese Sehnsucht nach Öffnung steht im Widerspruch zu den Geschichten unserer Angst. Sie verführen uns, in eine illusionäre Welt der Separation vom EINEN.
Auf diese Weise sind wir hin- und her Geworfene, die in einem neuralgischen Seelenleiden zwischen der Sehnsucht nach unserer verlorenen Einheit und unserer so überzeugenden Angst hin - und hergerissen werden.

Die Geschichten der Angst sind aber nicht wirklich. Sie haben in diesem Augenblick keine eigene Wirklichkeit, bis auf die Tatsache, dass unser Glauben an sie unsere Wahrnehmung der Wirklichkeit verwirrt. Die Herrschaft der Angst über unser Bewusstsein versetzt uns in einen Zustand der Sinnestäuschung: Die Illusion der Separation "erscheint" wirklich.

Wenn wir die Angst und die Kontrolle loslassen und uns in einem mutigen Akt in grundloses Vertrauen hingeben, dann stirbt nicht nur die Herrschaft eines Krampfes über uns, sondern auch die Illusion, in der wir gelebt haben.

Der Verstand will die Kontrolle aber nicht so leicht loslassen und sich etwas hingeben, was er nicht mit Sicherheit weiß. Er will Erklärungen haben. Was wir erklären können, davor - so reden wir uns ein - brauchen wir keine Angst zu haben.

Wir können aber nicht *wirklich* wissen, bevor wir die Angst vollkommen losgelassen haben.
Manche sind da in einem schweren Dilemma.

Vor die Wahl gestellt, sich entweder für eine "riskante" und vertrauensvolle Hingabe zu entscheiden, bei der wir vorher nicht wissen *können,* was uns erwartet oder sich für das Gewohnte zu entscheiden, für eine illusionäre Welt von Sicherheit und Kontrolle, entscheiden wir uns meist unbewusst und ganz automatisch für das Letztere. Dieser Reflex ist über lange Zeit sehr tief in uns verwurzelt worden.

Und so verraten wir unserer Liebe - und folgen unserer Angst. Wir verraten das goldene Kind, das Heilige in uns.

Und wir wissen um unseren Verrat.
Irgendwo.

Irgendwie aber wollen wir *davon* am liebsten *gar nichts* mehr wissen.

Am liebsten wollen wir das ganze Drama vergessen
- und die Schuld und damit auch die Verantwortung nicht wahrhaben.

Wir wollen vergessen, vergessen und nochmals vergessen!

Vergessen- und nur ja nicht erinnern!

Der Verstand hält uns sehr, sehr beschäftigt, damit wir uns nicht erinnern, was wir vergessen haben.
Unser Propagandasender sendet ununterbrochen. Jede Sekunde ein Gedanke. Nur ja nicht erinnern!
Wir rennen von einer Ablenkung zur anderen. Wir stopfen unser Leben voll mit Beschäftigungen, nur um uns selbst in der Stille nicht begegnen zu müssen:
Horror vacui.

Wir haben so mit der Zeit schlicht vergessen, dass der Schutz des Verstandes nicht mehr nötig ist. Wir haben vergessen, dass der Schutz ein Gefängnis geworden ist. Wir haben vergessen, dass wir nicht der Verstand und nicht seine Gedanken und Überzeugungen sind. Wir haben unser kindliches SEIENDE, das wir mit unserem Verstand beschützen wollten, in uns vergessen. Wir haben die Trauer über diesen Verlust, über diesen Abbruch unserer Beziehung mit uns Selbst auch verdrängt und vergessen.

Schließlich haben wir sogar vergessen, dass wir vergessen haben.

Darüber hinaus möchten wir uns am liebsten nicht erinnern, dass und was wir vergessen haben, weil wir uns irgendwo auch noch für unseren Verrat an unserem Selbst schuldig fühlen.

Wir irren umher und wissen nicht mehr, was wir in Wahrheit suchen, was wir sind und was wir hier eigentlich wollen.

Unsere Weltbilder- Sicherheit und Kontrolle

Die Identifikation mit unserem Intellekt und mit unseren Überzeugungen scheint ein gemütliches und sicheres Zuhause zu geben. Es ist so schön sicher in unseren selbstgewählten Begrenzungen für unsere Liebe.
Umgeben von bekannten Möbeln alter Gewohnheiten und den Mauern sicher gewähnter Überzeugungen, glauben wir mit der Zeit, dieser gemütliche Käfig ist die Wirklichkeit selbst.

Das Haus unserer Glaubensvorstellungen ist das einzige, was wir haben - so "glauben" wir.

Keiner soll unsere Überzeugungen wegnehmen. Im Gegenteil - andere sollen sie bestätigen. Und wehe, sie werden in Frage gestellt - dann stellen sie uns, d.h. unsere Identität und unseren Schutz in Frage - dann aber... verteidigen wir unsere (Vor-) Stellung.

Die Identifikation mit überlieferten Überzeugungen, von denen wir gerne glauben, dass es unsere eigenen sind, sind wie ein Korsett, das der Illusion unserer Identität Halt gibt.

Wir *GLAUBEN* an *Etwas*, also *SIND* wir *Jemand*.
Wir glauben, wir SIND, was wir glauben.

Wir verteidigen, untermauern und verbreiten unsere Glaubensvorstellungen um unser Ich-Gefühl und um unser (kollektives) Ego aufzubauen. Im Laufe der Jahre fühlen wir immer manifester mit ihnen identifiziert -
- und klammern uns so mit Händen und Füßen an unserer Identität und unserem Leiden fest.

Und doch - im Augenblick des Todes werden wir gezwungen sein, alle Vorstellungen von uns und der Welt loszulassen und müssen dann erkennen, dass wir unseren "gemütlichen" Glaubens-Käfig *nur bewohnt* haben. Wir *sind* es nicht.

Wenn wir im JETZT! aus dem Fenster schauen, erinnern wir uns, dass wir in unserer Wohnung *der geistgleiche Raum* SIND, und dass der Raum drinnen", derselbe Raum ist, wie der Raum „draußen". Wir stellen fest, dass wir eigentlich immer aus dem Käfig unserer Überzeugungen hätten davonfliegen können.

Sind die Welt - und Selbstbilder als eben *nur Bilder über* das Wirkliche erkannt und durchschaut - dann zerfällt die Identifikation mit ihnen und damit auch die Illusion, wer wir sind - und was die Welt ist.

Was bleibt?

"Worüber man nicht sprechen *kann*, darüber *muss* man schweigen." (Wittgenstein).

∞

Im absolut gedankenfreien Schweigen erfahren wir das reine und stille Selbstgewahrsein des bewussten Seins - und unmittelbare Erinnerung, wer wir *wirklich* sind,

tritt ein!

Sei Stille und weiß, dass *Ich* das Seiende ist.

Der Traum von Wissen und Macht

Wir entdecken: Wir sind jemand ganz anderer, als wie wir die ganze Zeit gedacht haben.

Wir sind DAS JETZT während wir die ganze Zeit mit Gedanken beschäftigt bist, die uns *erzählen* wollen, wer wir sind.

Wir *glauben,* dass die Gedanken wirklich sind, weil wir uns als Betrachter beim Betrachten der Gedanken vergessen haben. Doch unsere Vorstellungen sind nur Davor-Stellungen vor dem Wirklichen, sie sind nicht das Wirkliche selbst. Die Gedanken sind *Erscheinungen* im GEISTE, und nicht der GEIST selbst.

So wurde der ewige Fluss der Gedanken in unserem Kopf unsere permanente Erfahrung von der Wirklichkeit, wo doch Worte und Erklärungen nur als *Symbole und Sprachbilder* die Wirklichkeit *repräsentieren* können.

Weil wir uns als Betrachter unserer Projektionen als solcher vergessen haben, fühlen wir uns leicht identisch mit ihnen. Wer darum unser Welt - und Selbst*bild* bedroht bzw. in Frage stellt, der bedroht folglich uns Selbst. Doch das ist ein folgenschwerer existentieller Irrtum.

Macht handelt daher um die Herrschaft über Weltbildern, d.h. von Identifikationen, über unseren Geist. Kriege geschehen zwischen verwirrt Identifizierten. Wir können aber doch nicht SEIN, was wir *glauben* zu sein!

Die Identifikation mit unseren Weltbildern macht uns zu Zombies am Gängelband von mächtigen kulturellen Illusionen. Darum: Wer von seiner Quelle, seiner Liebe, vom *Wirklichen* getrennt lebt, ist leicht zu manipulieren.

Unsere Liebe, die immer weiß, wer wir *wirklich* sind, wird willkürlichen Regeln anmaßender Weltbilder unterworfen. Damit herrschen unsere Welt - und Selbstbilder über unsere Freiheit und über unsere Liebe - doch nur solange wir an ihre Wirklichkeit *glauben*.

Die Diener der herrschenden Weltbilder ahnten immer, dass Liebe frei ist und dass die Kraft der Liebe, die Herrschaft ihrer Erklärungen über unseren Geist immer in Frage stellen wird.

Darum ist das freie Fließen der Liebesenergie stets eine Gefahr für die Herrschaft der Weltbilder.

Die Kränkung der Liebe, die Verbreitung von Angst und das Versprechen von Sicherheit erhalten die Herrschaft der Weltbilder über unseren Geist.

Weil wir unsere Symbole und Weltbilder für wirklicher halten als die Wirklichkeit selbst, verlieren wir die Achtung für das Wirkliche in uns und um uns, d.h. wir ver-achten das Seiende, was ist und das wir sind. Und unsere Verachtung spiegelt sich in der Weise, wie wir uns und die Schöpfung behandeln.

Das Wirkliche an sich wird ver-achtet, weil unsere Achtsamkeit in unseren Wirklichkeits*erklärungen* verloren ging.

Wir manipulieren außerdem unsere "Wahr"-Nehmung des Wirklichen, damit unser Weltbild mit unserer Erfahrung der Wirklichkeit übereinstimmt. Mit anderen Worten:
Wir sehen, was wir glauben möchten.

Durch unsere Identifikation mit den Erklärungen *über* die Wirklichkeit wird die Wahrnehmung der Wirklichkeit *wie sie ist,* verzerrt.

Unsere Glaubensvorstellungen *über* die Welt, erzeugen in unserer Wahrnehmung einen Bruch zwischen uns *und* der Welt. Es entsteht die Illusion von erkennendem (deutendem) Subjekt und erkanntem Objekt, wo eigentlich nur das bewusste Seiende da ist.

Wir, der Beobachter, wähnen uns vom Beobachteten getrennt, weil wir die Erscheinungen mit Hilfe von Namen und Begriffen zu Objekten reduziert haben. Wir zerschneiden mit unseren Erklärungen das unteilbare Gewand des Seienden und Wirklichen.

Solange wir glauben, dass die Symbole und Erklärungen wirklicher sind als das bewusste Seiende, das wie selbst SIND, solange leben wir in der Illusion einer von uns Selbst getrennten Welt.

Der Glaube an die Wirklichkeit der sprachlichen Repräsentationen macht aus den Erscheinungen in unserem Bewusstsein Objekte, gleichzeitig definieren wir uns als Subjekte.

Wir erzeugen dennoch nur eine Sinnestäuschung. Es gibt weder Subjekt noch Objekt. Das, wessen wir uns bewusst sind, ist Bewusstsein selbst.
Wir blicken durch einen Filter von Ideen *über* die Wirklichkeit *auf* die Wirklichkeit. Dieser Filter erzeugt die Illusion von Subjekt und Objekt.

Ohne den Blick durch die Filter unserer Wirklichkeitserklärungen wird die Wirklichkeit selbst *wie sie ist* direkt erfahren und die Illusion von Subjekt und Objekt löst sich auf und die Welt wird als raumgleicher Geist, als SEIENDES „ICH BIN", erfahren.

Die Angst verführte uns mit dem Versprechen, dass, wenn wir Allem Namen und Symbole geben können, dann brauchen wir keine Angst vor dem Unerklärlichen mehr zu haben.

Die Welt mit Hilfe von Symbolen zu erklären, half uns, unsere Angst vor ihr zu beschwichtigen. Indem wir die Welt symbolisch darstellen, glauben wir auf magische Weise Kontrolle über sie erlangen zu können.

Wenn wir dann totale Kontrolle haben, d.h. wenn die Karte von der Wirklichkeit perfekt wäre, so das Versprechen der Erklärungen, dann brauchen wir keine Angst mehr vor dem Unerklärlichen zu haben.
Mehr noch: Dann haben wir Macht und Kontrolle über das Wirkliche.

Der Wunsch nach einem Glauben an die Wirklichkeit von Erklärungen ist jedoch Ausdruck unserer Angst vor dem grenzenlosen und unerklärlichen Sein
- d.h. vor dem direkten Erkennen unserer wirklichen Natur, dem SEIENDEN.

Wir möchten dieses SEIENDE, d.h. unser eigentliches Selbst, mit Begriffen be-greifen und haben im Greifenwollen die Illusion eines Begreifenden und eines Begriffenen erzeugt.

Wir haben uns dabei ver(w)irrt. Wir wissen nicht mehr den Weg zurück zu unserer genuinen und authentischen Erfahrung der Einheit mit dem SEIENDEN.

Wir glauben, die Lösung wäre, die Wirklichkeit mit noch genaueren Erklärungen zu bezwingen, um uns vom bohrenden Schmerz des Getrenntseins zu erlösen. Weil das unmöglich ist, so wurden wir geradezu davon besessen, unsere Erklärungen zu perfektionieren. Aber je genauer unsere Beschreibungen sind, desto mehr bestätigen wir und wiederholen wir unsere Separation.

Das Greifenwollen behindert die Erfahrung der Einheit und den Fluss unserer Lebensenergien. Unser Leben wird ein chronischer Krampf. Je intensiver wir das Leben unter Kontrolle bekommen wollen, desto mehr entgleitet es uns in der Erfahrung.

Je genauer die Karten sind, desto dümmer sind wir in der Erkenntnis, die sich in der direkten Erfahrung des Wirklichen offenbart. Je mehr wir *glauben*, dass unsere Erklärungen wahr sind, desto mehr zerstören wir das heilige Band zwischen uns und unserer Umwelt - und je mehr zerstören wir uns selbst. Und desto mehr fühlen wir den Schmerz, wie wir das Wirkliche *an sich* in uns und um uns ver - achten und kränken.

Die Macht der Erklärungen

Wir wollen so gerne in der Illusion leben, dass die Erklärung wahr ist. Dieser Wunsch entspringt unserem Wunsch nach Sicherheit, also eigentlich unserer Angst.
Der Wunsch nach Sicherheit ist die Machtbasis aller Weltbilder. Doch der Wunsch nach Sicherheit hat auch seinen Schatten: Kontrolle und Macht.

Wir veräußern unsere Verantwortung und Macht, auf das Wirkliche direkt zu antworten und über-antworten den Kontakt mit dem Wirklichen den Priestern der jeweils herrschenden Weltbilder.
Sie erklären uns für inkompetent und unwürdig mit dem Wirklichen in Verbindung zu sein, während sie sich anmaßen zu behaupten, dass ihr Bild von der Welt die Wahrheit *selbst* ist und darum darf es nicht in Frage gestellt werden.

Die Verkäufer und Nutznießer eines herrschenden Weltbildes wissen instinktiv um die Gefahr für ihre Macht über den Geist ihrer Gläubigen, falls "ihr" Weltbild als Bild und eben darum als Illusion entlarvt würde. Sie unternehmen darum alles, um den Wahrheitsanspruch ihrer Illusion aufrecht zu erhalten.
Die Gläubigen wiederum, die um ihre Illusion von Sicherheit und um ihre Identität innerhalb "ihres" Weltbildes bangen - sie wollen auch nicht desillusioniert werden. Sie haben Angst vor der Freiheit.

Fast alle haben darum ein starkes Interesse, die Illusion aufrechtzuerhalten, dass das herrschende Weltbild, die Wirklichkeit selbst IST.
Wenige wollen an das *eigentlich* Wirkliche, das sich in der Stille enthüllt, erinnert werden.

Damit die Illusion einer erklärbaren Wirklichkeit hält, versuchen einerseits die Erklärer die Wirklichkeit immer perfekter abzubilden und andererseits sind wir gezwungen, die Unstimmigkeiten zwischen den Erklärungen und der Wirklichkeit aus unserer Wahrnehmung auszublenden.

Mit anderen Worten: Wir üben Gehirnwäsche auf uns aus, damit wir unsere Illusion der Wirklichkeit aufrechterhalten können.

Es gibt also einen breiten Konsens, unsere Illusion aufrecht zu erhalten; manchmal zu hohen Kosten.

Doch *JEDE* Karte ist unter *keinen* Umständen das Terrain, das sie beschreibt.
Jedes Weltbild ist nur *ein Bild von der Realität* und damit ist letztlich *jeder* Wahrheitsanspruch eine Anmaßung. Jedes Weltbild ist daher ein Machtanspruch auf unsere Wahrnehmung des Wirklichen, d.h. auf das SEIENDE und damit auf unser SELBST.

Die "Wirklichkeit" ist aber nur eine mentale gesellschaftliche und kulturelle Konstruktion in unserem GEISTE. Sie können nicht der GEIST selbst sein. Die erklärte "Wirklichkeit" ist darum nur eine illusorische Erscheinung in der „wirklichen Wirklichkeit", nämlich unserem GEIST.

Jedes Weltbild, auch das, in welchem wir heute leben, wird sich früher oder später im Bewusstsein des hartnäckig ignorierten SEIENDEN auflösen.

Die Gläubigen des herrschenden Weltbildes riskieren offenbar lieber einen Totalcrash mit der Natur als das

Weltbild mit dem sie herrschen (bzw. das *sie* beherrscht) als anmaßenden Wahrheitsanspruch zu erkennen. Da steht zuviel Macht auf dem Spiel.

Die Karten müssten nur perfektioniert werden - so der natürliche Reflex unseres Intellektes bei einer Krise unseres Weltbildes - damit wir noch besser die Wirklichkeit kontrollieren können. Dann werden wir schon alle Probleme in den Griff bekommen.

Jedoch steigert die Perfektionierung unserer Erklärungen nur die Illusion von Kontrolle und die Wucht, mit der unsere Ignoranz am Wirklichen zerschellen wird.

Wenn ein Weltbild als *Bild* erkannt wird, dann zerfällt sein Wahrheitsanspruch und damit ist die Illusion entzaubert. Wenn der Zauber des Illusionisten als Bluff durchschaut ist, dann ist die Vorstellung aus. Unser Geist ist aus dem Bann eines Zaubers befreit.

∞

Jede Religion oder Ideologie hat noch immer mit einer Art von Paradies gelockt. Es war allerdings niemals Hier und Jetzt! zu erlangen. Und schon kaum warst *Du* gut genug, um es sofort und ohne Bedingungen zu SEIN.

Das verlorene Glück erwartet uns, so das Versprechen der Verkäufer von Glaubensvorstellungen, wenn wir nur brav ihre Erklärungen und Deutungen des Wirklichen verinnerlichen

- und wir damit erneut verleugnen, dass wir bereits SIND, was wir suchen.

Wir können die Wirklichkeit zwar nicht erklären und noch weniger durch Erklärungen das verlorene Glück des Einsseins mit dem bewusst SEIENDEN erlangen, aber wir haben erfahren, dass andere durch unseren *Glauben* an eine Erklärung und die *Hoffnung* auf Selbstbefreiung, Macht über uns ausüben können.

Wir haben erfahren, dass wir aus desperater Sehnsucht nach unserem verlorenen Glück bereit sind, unsere Lebenszeit und -kraft für beinahe jedes plausible Versprechen zu veräußern.

Jede Sehnsucht nach etwas Anderem oder jemandem anderen aber verhindert die Erkenntnis, bereits frei zu sein. Jede Bestrebung nach Freiheit, hält das Gefühl der Unfreiheit fest.

Denn wir *sind* bereits das, was wir suchen.

Jedes Suchen verhindert darum das Finden.

Alle Worte, Erklärungen und Versprechungen - auch diese hier! - sind leere Schleier, welche die Erfahrung der Einheit zwischen uns und dem Wirklichen stören - und darum sind sie zerstörerisch. Das ist das Dilemma der Sprache und der Worte:

Sie stören das Gewahren des Seienden.

Sie stören das Gewahrsein in der Gegenwart!

Im Jetzt! Ist die Zeit gekommen, um alle Erklärungen zu „durch"-schauen und loszulassen, damit der menschliche Geist zur Erkenntnis seiner Selbst als GEIST, als bewusstes SEIN, zurückkehren kann.

Das ultimative Wissen ist das Wissen, dass nur Nicht-Wissen, d.h. Nicht-Erklärung uns wirklich Eins mit dem wissenden Bewusstsein, das wir sind, machen kann.

Diese Erkenntnis ist wie die Leiter, die wir fallen lassen, um ins Reich des inneren Wissenden hineingelassen zu werden. Es ist der Moment, wo Hingabe und Vertrauen die Erfahrung der Einheit mit dem Seienden ermöglicht.

Wir distanzieren uns von unseren Identifikationen mit den Erklärungen und erfahren einen stillen, weiten Raum. Der Raum der immer da war und in welchem alle Objekte unseres Geistes - seien es Gedanken, Vorstellungen oder Sinneseindrücke – erscheint. Wir waren immer mit den Objekten identifiziert. Nun erkennen wir, dass wir der Raum selbst sind. Wir selbst werden unseres SEIENDEN Selbstes offenbar.

Ich hatte einmal einen Wachtraum, d.h. ich wurde mir mitten im Träumen bewusst, dass ich träumte. Ich erkannte, dass ich nicht nur der Traumcharakter war, mit dem ich für gewöhnlich identifiziert war, sondern der ganze Traum. Auf einer gewissen Ebene fühlte ich, dass ich den ganzen Traum beeinflussen konnte, denn alles erschien noch wirklicher und intensiver als sonst.

Auf ähnliche Weise ist das Ziel unserer Übung eine Verschiebung unserer Identität vom Traumcharakter zum Träumenden, zum Erwachen als Träumer im Traum.

Der Zwei-fehler

Im Bewusstsein erscheint alles, was ist. Der Zweifel daran, dass wir das Bewusstsein selbst sind, ist, wie alles, auch nur eine Erscheinung innerhalb des Bewusstseins.

Wie kann nun der Zweifel an unserem Bewusstsein in unserem Bewusstsein überwunden werden? Solange der Zweifel am Bewusstsein im Bewusstsein nicht entwirrt ist, ruft er in der Selbstwahrnehmung des Bewusstseins Zweiheit hervor.

Der Zweifel erzeugt unmittelbar die Illusion eines von sich selbst Abgesondertes. Die Illusion eines "Jemand" entsteht, weil das Bewusstsein die Einheit mit sich selbst zurückweist. Der Zweifel ist also der Widerstand des Bewusstseins sich seiner selbst bewusst zu werden.

Die Welle behauptet, eine Welle zu sein und nicht der Ozean. Ich habe Widerstand *gegen den Ozean*, also bin ich *Welle*. Ich habe Widerstand - also bin Ich - ein *Jemand*.
beziehungsweise
der Ozean vergisst „sich", weil er sich mit der Form der Welle - dem Widerstand also - identifiziert.

Das bewusst Seiende "vergisst", dass es das bewusst Seiende ist - und darum nimmt es sich selbst nicht mehr als das bewusst Seiende wahr. Wir sind uns der Erscheinungen in unserem Bewusstsein bewusst, aber wir haben das Bewusstsein selbst, in welchem alles erscheint, vergessen.

Das Bewusstsein identifiziert sich mit seinen Projektionen und erzeugt dadurch unbewusst die Sinnestäuschung, dass es eine eigenständige, vom absoluten Geist abgetrennte Erscheinung ist.

Die Illusion einer besonderen Identität ist ohne das Festhalten an unseren Projektionen nicht möglich. Wer alles loslässt und sich radikal entspannt, der erfährt die inhaltsleere und allumfassende Natur seines Bewusstseins. Die Form *und* die Leere SIND das EINE Bewusstsein.

Beweise

Das Ego fordert sehr listig „objektive" *Beweise* für die Wahrheit, dass es nicht getrennt ist. „Vorher gebe ich mich (den Widerstand) nicht auf!" behauptet es schlau.

Ein objektiver Beweis kann aber unmöglich erbracht werden, da dies ein Subjekt und ein Objekt erzwingt.

Das Einssein kann nicht mit Dualität bewiesen werden.

Wie könnte eine absolute Einheit jemals sich selbst „objektiv" erkennen, wenn das "Erkennen" unmittelbar die Spaltung der Einheit in Erkenner und Erkanntem erfordert? Die absolute Einheit kann niemals von der Einheit "objektiv" erkannt werden. Das ist unmöglich.

Wie soll nun Einheit ohne Zweiheit bewiesen werden können falls der sich irrtümlich getrennt wähnende Teil seine Illusion der Getrenntheit nicht aufgeben will, bevor er die Einheit "objektiv" bewiesen bekommen hat?

Die Antwort ist: es geht nicht.
Der GEIST ist die höchste Ordnungsstufe und kennt nichts von sich Getrenntes - es sei denn er glaubt selbst an die eigenen Vorstellungen im Geiste.

Die Forderung nach Beweisen hält eben die Illusion der Trennung am Leben –
und das ist die eigentliche Absicht hinter der Forderung nach objektiven Beweisen.
Natürlich ist der Wunsch nach Beweisen die Aufrechterhaltung des Widerstandes.

Die Verleugnung der Einheit mit sich selbst manifestiert sich daher unmittelbar:
Wir erleben in unserer Wahrnehmung der Einen Wirklichkeit unseres Selbstes die Spaltung in Subjekt und Objekt, in Träumer und Traumobjekte: Eine duale Scheinwelt entsteht.

Der Zweifel KANN niemals überzeugt werden, da er nur ein Gedanke ist, der das, worin er erscheint, nämlich Bewusstsein *ohne Inhalt*, verleugnet. Die Projektion kann nichts von der Leinwand wissen, auf der sie erscheint.
Der Zweifel ist ein sich selbst bestätigender Gedanke *innerhalb* des EINEN Bewusstseins.

Um den Zweifel zu „überzeugen" KANN er also nur losgelassen werden.
Der „Beweis" offenbart sich von selbst, wenn der Zweifel bzw. der Widerstand gegen das gewahrende Bewusstsein restlos aufgegeben werden.

Das klingt für den Verstand absurd, wenn nicht gar bedrohlich: Er soll sich selbst aufgeben. Wie soll der

Verstand das "machen"? Wir sind ja identifiziert mit dem Verstand. Wir glauben ja, wir *sind*, was wir glauben.
Es ist die Aufforderung "uns" (unsere Identität) loszulassen. Und das ist *alles*, was wir *glauben*, zu sein.

Den Verstand aufgeben heißt, jeden Widerstand aufgeben, jedes Festhalten loslassen, nach keiner Erklärung greifen und sich vollkommen in absolut blindem Vertrauen mutig dem hingeben, was wir nicht wissen *können*.

Nur vollkommenes Vertrauen in das Unsagbare, das wir sind, kann den „Beweis" in deinem Bewusstsein enthüllen, dass du der eine Träumende bist, der IST.

Der "Beweis" wird dann aber kein Gedanke sein, sondern wir werden im Gegenteil - in einem Zustand frei von allen Gedanken, frei von jedem Widerstand - die Einheit direkt *sein* und so das WISSEN, wer wir sind, direkt erfahren.

Die „Überzeugung" kann auch nicht mit dem Hintergedanken geschehen: „ eigentlich glaube ich es nicht, aber jetzt lass´ ich es mal los, um mich überzeugen zu lassen".

Der Verstand ist manchmal *zu* schlau. Der Widerstand will sich nicht so leicht aufgeben.
Natürlich, da *du* ja der Geist bist, manifestiert sich dein Selbstbetrug unmittelbar wieder *in* deiner Selbstwahrnehmung. Du kannst dich nicht selbst hereinlegen.

Es ist auch ein unmöglicher Weg, Widerstand gegen den Zweifel zu haben und ihn zu verurteilen, wie es z.B. die Kirchen tun.

Denn dann ur-teilen wir uns nur wieder selbst von Neuem. Dann verurteilt ein Gedanke den anderen, eine Erscheinung in unserem Geiste die andere. Der GEIST verweilt dabei aber weiterhin im Unbewussten und ist unerkannt.

Damit wird der Zweifel ja nur bestätigt. Wogegen ich Widerstand habe, das füttere ich in meinem Geiste.

Es nimmt meinen Geist regelrecht in Besitz, weil der Widerstand all meine Aufmerksamkeit okkupiert.

Die Verurteilung macht den Zweifel nur zu einem mächtigen Monster in unserem Geiste, und schon haben wir einen angsteinjagenden „Teufel" in unserem Geiste.

Damit erzeugt man aber in hohem Maße genau die Separation von unserem Selbst, die man doch überwinden wollte.

Die Auflösung des Zweifels an unserem Selbst geschieht, wenn wir ihn wie ein Kind mit unserer Liebe umarmen und ihn akzeptierend mit unserem Geiste *beobachten.*

Er tritt an das Licht unseres Bewusstseins und der K(r)ampf löst sich in Liebe auf. Unser Bewusstsein entspannt sich in sich selbst und die "Erlösung" tritt als direkte Erfahrung ein.

Dann kann sich die Wirklichkeit unseres bewussten Seins ganz von selbst offenbaren. Wir gewahren bewusst das Einssein mit dem Geiste, der wir sind.

Sei Stille und *weiß*, dass *ICH* das SEIENDE ist.

Der Blick durch die Schleier der Separation

Schleier erzeugt dein Wunsch, DICH be-greifen zu wollen.

Schleier erzeugt dein Glaube an jegliche Erklärungen
Schleier erzeugt dein Glaube an irgendein Bild über dich oder die Welt.
Schleier erzeugen Bedingungen an deine Liebe.
Schleier erzeugt dein Zweifel an deiner Einheit.

Der Schleier wird erzeugt durch deinen Widerstand, wahr zu nehmen was JetztHier DA ist.

Der Schleier wird erzeugt durch deinen Widerstand gegen die Stille.
Der Schleier erzeugt eine Sinnestäuschung,
-eine Welt getrennt in Objekte und Subjekte.

Unsere konventionelle „Wirklichkeit" ist in Wirklichkeit die Reflexion der Verleugnung unseres absoluten Selbstes, des bewusst SEIENDEN.
Unsere konventionelle „Wirklichkeit" ist in Wirklichkeit eine Sinnestäuschung, die den Zwei- fehl am Einssein mit dem EINEN, der wir sind, reflektiert.

Hier! - Jetzt! – in Stille – nackt- ohne Gedanken – enthüllt sich die Wirklichkeit als Blick in den EINEN raumgleichen Geist, als Spiegelung des einen Träumers, der wir in Wahrheit und Liebe sind.

Wessen Du dir bewusst bist, ist Bewusstsein *an sich*.
Du blickst in dich selbst.

Hier - in dieser perfekten Stille bist DU, vollkommen und nackt.

Kein Widerstand, keine Angst, keine Story.

Vollkommen verletzlich.

Vollkommene Direktheit der Gewahrung.

Wahrnehmung pur.

Ohne Worte.

Unbeschreiblich volle Stille.

Immer JETZT. Immer HIER.

Immer *DAS!*

Immer *DU : BEWUSSTES SEIN*

∞

III. Die Verleugnung der Verleugnung

Um die Illusion eines von sich abgetrennten „Traumcharakters" aufrechtzuerhalten, leugnet unser Bewusstsein vor sich selbst die Verantwortung für die Erschaffung des Traumcharakters.

Wenn uns die totale Verantwortung bewusst würde, dann wären wir gezwungen, unser Spiel aufzugeben. Wir könnten dann nicht mehr in die Illusion eines separierten Ichs zurückkehren, in der wir bis dato lebten. Wir können "danach" nicht mehr verantwortungslos spielen und "unschuldig" Leiden erzeugen. Nach der Selbsterkenntnis gibt es kein Zurück in die Illusion mehr.

Wir müssen uns darum bewusst sein, dass wir, im Zustand der Identifikation mit unserem Selbstbild, unendlich viele Lügen produzieren, um die Verantwortung für die Illusion der Trennung von unserer Essenz zu leugnen - denn dann käme der verdrängte Schmerz über die "Schuld" an der Selbstverneinung in unser Bewusstsein.

Wir haben Angst, der Wahrheit, wer wir wirklich sind, zu begegnen. Wir haben Angst, die Illusion wer wir sind, zu verlieren - und zugleich ist dies unsere tiefste Sehnsucht. Unbewusst wissen wir nämlich bereits um die Wahrheit, wer wir eigentlich sind.

Das Nicht-Wissen-Wollen, unsere Ignoranz, ist ein Schutz gegen den Schmerz der Bewusstwerdung. Die Ignoranz ist es aber auch, die die Selbstverleugnung und damit die Schuld re-inszeniert:

Die verleugnete Verantwortung ist eine
erneute Kränkung und Zurückweisung von uns selbst.
Unser Bewusstsein vergisst *aktiv*, was es wirklich ist, um
in der Illusion leben zu können, *Jemand
Besonderes/vom Ganzen Abgesondertes* zu sein.
Wir sind daher von unserer Selbstverleugnung
Besessene. Wir wählen das Leben in der Ignoranz vor
einem Leben in liebes – und verantwortungsvoller
Bewusstheit unserer Verbundenheit mit dem Seienden.

Dieser „Verrat" an uns selbst nenne ich die
Ursünde.
Wir haben uns nicht nur selbst der Quelle unserer Liebe
verweigert, wir verweigern uns auch die Einsicht, *dass*
wir dies tun. Wir haben auch noch den Schlüssel, wie
wir aus unserem selbstgeschaffenen Gefängnis
herauskommen könnten, weggeworfen.

Selbst – Verneinung erzeugt Schmerz.
Verleugnung der Selbst - Verneinung erzeugt Leiden.

Es ist diese Unredlichkeit, die uns einen Selbstbetrug
nach dem anderen erfinden lässt, die uns ständig neue
Lügen vorspielt, wer - außer uns - für unser Leiden
schuldig und für unser Glück zuständig ist.

Die Frage ist: Sind wir zu der Heldentat bereit, alle
Lügen, mit denen wir unsere Verantwortung leugnen,
im Lichte unseres Bewusstseins zu verbrennen,
um uns dadurch die Möglichkeit zu schenken, unsere
Schuld in Liebe und Selbstvergebung aufzulösen?

Wenn wir uns für unsere Selbstverneinung verurteilen,
dann verneinen wir uns ja schon wieder.

Dann verurteilen wir uns
- zu einem krankhaften Teufelskreis.

Wenn wir aus Angst vor unserer Selbstverurteilung unsere Selbstverneinung verleugnen, dann machen wir uns blind für die Gewalt, die wir gegen uns selbst ausüben.
Dann können wir uns nie vergeben. Denn was wir nicht wagen, uns bewusst zu machen, das können wir uns auch nicht verzeihen.

Erst müssen wir erkennen können, was wir tun, um dann sagen zu können:" Ja, *Danke*, dass ich es jetzt sehe. Welche Gnade. Jetzt kann ich es liebevoll umarmen. Jetzt weiß ich:
Wessen ich mir bewusst geworden bin, das beherrscht mich ich nicht mehr!"

Solange wir Widerstand haben, unseren Widerstand gegen den Fluss des Lebens zu erkennen, solange verweilen wir im Widerstand.
Sobald wir bereit sind, unseren Widerstand gewahr zu werden, dann sind wir bereits dabei, ihn aufzugeben.

Dort wo Bewusstsein ist, endet der Widerstand und der Selbstbetrug.
Wo Bewusstsein ist, ist Liebe gegenwärtig.
Bewusstsein ist der Weg zur Befreiung der Liebe.
Befreiung ist darum immer ein grandioser Akt des Mutes, sich seiner Widerstände bewusst zu werden.

Befreiung geschieht durch die allgegenwärtige demütige Bereitschaft, die Enthüllung einer weiteren Verweigerung unserer Liebe dankbar bewusst zu werden.

Demut und Ehrlichkeit ist darum der Pfad zur Befreiung unserer Liebe.

Mein K(r)ampf - mein Ego

Zur Wiederholung: Wir verleugnen, dass wir für die Verleugnung unseres Heiligen verantwortlich sind, weil wir wissen, dass unsere illusionäre Identität dann stirbt, wenn wir uns unseres Widerstandes gegen das Sein, das wir sind, bewusst werden.

Das *liebevolle* Gewahren des Widerstandes *transformiert* den Widerstand. Wir sind dann nicht mehr mit ihm identifiziert.

Der Widerstand löst sich auf, wenn er uns bewusst wird. Wenn wir ihn beobachten, dann entspannen wir uns. Wir werden gewahr, dass wir der Beobachter sind - und nicht der Widerstand. Löst sich die Identifikation dann löst sich auch die Ego – Identität.

Das ist die größte Gefahr für das Ego. Denn das Ego ist Widerstand an sich. Unser Ego lebt durch unseren *Glauben*, dass wir der Widerstand *sind*.
Unser Glauben schenkt unserer Illusion Lebenskraft.
Das Ego besitzt aber keine Wirklichkeit. Es ist vielmehr die Negation der Wirklichkeit. Das Ego ist ein Krampf gegen den Fluss der Lebensenergie.
Das Loslassen des Krampfes ist eine Gefahr für die Identität in welcher wir bisher gelebt haben und alles, woran wir bisher geglaubt haben.

Das Ego hat Angst vor dem Loslassen. Denn im Loslassen löst es sich auf - und die Gewahrung des raumgleichen Geistes, in welchem das Ego als Objekt erschien, enthüllt unser wirkliches Sein.

Vor diesem Schock der Erkenntnis, wer wir eigentlich sind, haben wir große Angst
- und zugleich es ist unsere ultimative Sehnsucht.

„Wir" als Ego bzw. „wir" im Zustand, der Identifikation mit unserem Widerstand, wissen sehr genau, dass „wir", unsere Identität, in großer Gefahr sind, wenn jemand uns auf unseren Krampf aufmerksam machen will.
„Wir" weisen darum regelmäßig die Befreier unseres Bewusstseins mit aller Kraft zurück. Das „Ego" tut, was es instinktiv immer tat: Es leistet Widerstand.

„Wir" im Zustand der Identifikation mit unserem Selbstbild, leben in der großen Angst „wir" würden sterben, wenn wir es loslassen.
Es stirbt aber in Wahrheit nur ein beschränkendes Selbstbild. Es stirbt, ganz undramatisch, der Glaube an eine Idee. Da ist nur Entspannung des Geistes, da ist das Ende des Krampfes, an Ideen festzuhalten, die wir gar nicht sind. Die "Erlösung" ist eine Entspannung.

Das Monster Angst, das uns in das Vergessen für unsere raumgleiche Natur verschreckt, ist nur ein Gespenst.
Das Ego entsteht folglich durch ein Zusammenziehen des Geistes, weil er mit der Traumfigur identifiziert ist. Wie im Kino – wir haben uns mit dem Leinwandhelden identifiziert und leiden mit ihm. Ist aber der Schrecken und die Spannung zu groß, dann erinnern wir uns gerne an die Leinwand auf der alles erscheint.

Es ist wie ein Schatten. Wird das Licht des Bewusstseins auf es gelenkt, dann existiert es gar nicht. Unsere

Identifikation mit unserem Welt- und Selbstbild löst sich einfach auf. Wenn wir entspannt sind, dann können wir nicht mehr verkrampft sein. Unser Geist weitet sich aus und er wird sich ganz von selbst seiner Verbundenheit mit allem bewusst, wir entspannen uns in die „Leinwand" hinein.

Der Kontrollbedarf des Egos

Nur ein starres Bewusstsein sichert darum unsere Identifikation mit unseren persönlichen und kollektiven Weltbildern. „Wir" im Zustand der Identifikation mit unserem Selbstbild haben ständig Angst, dass wir die Kontrolle über die manipulierte Wahrnehmung der Wirklichkeit verlieren.

„Wir", im Zustand der Identifikation mit unserem Krampf, haben Angst, dass wir die Kontrolle verlieren. „Wir" als …..“Ego", wissen nämlich irgendwo ganz genau, dass "wir" eine Illusion sind. „Wir" als Ego haben darum ständig Angst, dass wir der Wahrheit, wer wir wirklich sind, begegnen.

„Wir" unternehmen darum ALLES, um unseren Selbstbetrug vor unserem Bewusstsein zu verbergen.
Darum haben „wir", als Ego, einen unersättlichen Bedarf ALLES und ALLE unter unsere Kontrolle zu bekommen.

Darum liegen „wir" im Zustand der Identifikation mit unserem persönlichen und unserem kollektiven Ego im permanenten Krieg mit unserer Umwelt.
Der Schatten auf unserem Bewusstsein glaubt sich seiner Existenz erst sicher sein zu können, wenn die

ganze Welt, wenn jeder Geist, unter seiner Kontrolle ist und den gleichen Glauben teilt, mit dem es sich identifiziert hat. Logisches Endziel aller Weltbilder war und ist darum immer ein totalitäres Weltregime.

Das kollektive als auch das persönliche Ego empfindet alle wirklichen Veränderungen unseres Bewusstseins als Gefahr für seine Herrschaft. Es hält fest, denn das Festhalten der Illusion, wer wir sind, ist seine Natur.

Natürlich verursacht so ein Krampf Energiemangel in uns. Wir können ja keine Energie empfangen, wenn wir sie nicht loslassen wollen.

Empfangen und Hergeben können ist eben untrennbar und eins, ist Offenheit, Vertrauen, Hingabe, Verletzlichkeit, ist Liebe.

Wir können das Geben und das Nehmen einfach nicht trennen, ohne den Lebensfluss zu zerstören. Reichtum, entsteht im *Fluss* der Lebensenergien. Leben *ist* Veränderung, *ist* ein ewig schöpferischer Prozess.

Wer Angst hat, vom Leben nicht genug zu bekommen und alles festhalten möchte, erzeugt dadurch den Mangel in sich und um sich, vor dem er Angst hat.

Ohne die Bereitschaft, die Liebe und das Leben weiterzureichen, können wir es auch nicht empfangen. Dann *sind* wir Stagnation und damit totbringend. Das Leben richtet sich dann gegen sich selbst. Der Tanz der Energien fließt nicht mehr durch uns hindurch und wir erleben ein nagendes Gefühl des Energiemangels, des „Mir-fehlt-irgend-etwas".

Soviel einem solchen Menschen Energie in Form von Geld, Macht, Waren, Vergnügungen oder Liebe von außen zugeführt wird – er wird stets nach mehr hungern. Er versagt sich selbst die eigene Quelle, die seinen Hunger stillt. Er oder sie ist wie ein Faß ohne Boden. Die endlose Gier nach Mehr wird so zum normalen Geisteszustand.

IV. Die Anerkennung von Schuld und Verantwortung

Wir sind das Bewusstsein in welchem alles erscheint. Nichts kann außerhalb davon existieren. Wir können die Einheit mit unserem Bewusstsein darum nicht *erreichen. Der Versuch* alleine bestätigt nur unsere Illusion, wir seien Getrennte.

Die Frage ist darum nicht, wie wir erreichen können, was wir bereits sind. Die Frage ist vielmehr, warum unsere Erfahrung eine andere ist. Die Frage ist, wie wir das, was wir sind, vor unserem Bewusstsein verbergen konnten. Wie konnten wir die Illusion erschaffen, dass Träumer und Traumfigur getrennte Wesenheiten sind? Wie konnte dieser grandiose Selbstbetrug entstehen?

Die Befreiung von der Illusion ist darum eine Reise, in welcher unser Bewusstsein sich alle Muster und Gewohnheiten der Selbst-Verneinung zu Bewusstsein bringt, und sie dadurch auflöst.

Bevor das aber geschehen kann, müssen wir uns eine zentrale Frage stellen:
Sind wir wirklich bereit, vollkommene Verantwortung für unsere Selbst-Verneinung zu übernehmen?
Sind wir bereit, die Anklage des Selbstbetruges zu ertragen?

Wir sind vielleicht gezwungen, zu sehen, dass wir immer schon um unseren Selbstbetrug wussten - wir wollten es nur nicht wahrhaben. Denn eigentlich ist es einem Bewusstsein unmöglich, sich selbst zu betrügen. Es erfordert jedenfalls sehr viel Mühe und verursacht

Leiden. Das Leiden ist sozusagen unser Sporn, den Betrug zu beenden.

Wahrscheinlich erscheint in uns auch die Angst vor einer Strafe für unser Tun. Wir fühlen uns schuldig, weil unser Selbstbetrug ein notwendiger Teil unserer Vereinbarung mit uns selbst war, um die Geschichte einer vom Ganzen getrennten Persönlichkeit zu erfahren.

Die Angst vor der Strafe und das Gefühl der Schuld ist aber bereits die Strafe selbst. Diese Angst verhindert, dass wir uns unserer Selbstverneinung bewusstwerden möchten. Ja, es ist vielmehr so, dass diese Angst uns in der Verantwortungslosigkeit und der Verdrängung unserer Selbstverneinung verharren lässt und wir auf diese Weise die Selbstbefreiung verhindern und die Selbstverneinung perpetuieren.
Wir haben eine sich wiederholende Ur-Teilung über uns ausgesprochen.

Darum sind diese Fragen so wichtig: Sind wir bereit, die Anklage der Selbstverneinung zu ertragen? Sind wir willig, unserer Selbstverurteilung zu begegnen? Haben wir den Mut, unserer Angst mit Bewusstheit zu begegnen?

Denn, wie gesagt, wir sind bereits DAS, was wir suchen. Es gibt nichts zu tun, um es zu *erreichen*. Aber es gibt sehr viel zu tun, um es zu *erfahren*.

Die harte *und* liebevolle Arbeit der Befreiung unseres Glücks ist es, alle Überzeugungen, Widerstände und Muster in uns zu Bewusstsein zu bringen, mit Hilfe derer wir unsere Selbst-Verneinung und damit die Illusion der Trennung von unserem Selbst erzeugen.

Es gibt nichts zu erreichen, außer unseren Selbstbetrug zu enthüllen.

Liebe sucht darum immer die Wahrheit, um sich zu befreien.
Liebe überwindet die Angst vor der Selbstverurteilung, um sich zu befreien.
Liebe vergibt, um sich selbst zu befreien.
Liebe wird sich aller Lügen bewusst, um sich selbst zu befreien.
Liebe ist mutig, um sich selbst zu befreien.
Liebe sehnt sich nach sich selbst.
Liebe weiß, dass das Wissen für unsere Befreiung in uns ist.

Liebe wird niemals müde, eine offene Türe in unserem Bewusstsein zu suchen.

Die Schuld ist ein Urteil über unsere Verantwortung für die wiederholte Verleugnung unserer Liebe, für den Verrat an unserem ganzen (heilen) Sein.

Schuld ist Verantwortung verknüpft mit einem Urteil. Beende das Urteilen und du bist wieder im Besitz der Verantwortung.

Das Ur-teilen von uns selbst, wiederholt nur die Kränkung unserer Liebe und damit unsere Schuld.
Das Urteilen verhindert also die Übernahme der Verantwortung.

Ohne Verantwortung aber kann Bewusstwerdung, Vergebung, Akzeptanz und die Befreiung unserer Liebe nicht geschehen.

Sich alles zu verzeihen ist darum notwendig. Ja, so war es, und jetzt ist es gut so. So war die Geschichte. So sollte sie sein, damit man sie jetzt anerkennen kann.
Die Geschichte ist *nur* eine Geschichte.

Die Geschichte hat nichts mit dem zu tun, der ich im *Jetzt* bin. Im seienden Jetzt ist alle Schuld schon vergeben. Im bewussten Jetzt sind wir schon immer vollkommen unschuldig. Keine Gedanken, keine Story, keine Schuld. Das einzig Unverzeihliche wäre, sich nicht zu verzeihen.

Der Schock der Bewusstwerdung

Die Tilgung der Schuld geschieht durch den Schock der Bewusstwerdung!
Durch den Schock der Bewusstwerdung treten wir aus dem Schatten der Schuld und der Scham - und aus dem Schatten des Vergessens, wer wir sind.
Dann kann eine Transformation durch Akzeptanz, Vergebung und Verantwortung geschehen. Dann sind wir wieder eins mit Liebe und Bewusstheit.

Das ist es, was ich "Erwachen" aus dem Vergessen nenne. Die Erinnerung, wer wir sind, ist wie die Genesung nach einer sehr langen Krankheit. Es die Genesung von der Krankheit, ignorant für sein wirkliches Wesen gewesen zu sein. Es ist die Genesung von der Krankheit, die Kränkung stets zu wiederholen.

Wir können nun erkennen, dass das Urteil immer nur unsere Angst vor dem Schock war, der Wahrheit über uns selbst und damit der Verantwortung zu begegnen.

Die Angst war ein Gespenst, das uns in eine lebenslange Flucht vor der Wahrheit über uns selbst verführte.
In Wahrheit war uns schon immer vergeben.

In Bewusstheit gibt es keine Schuld, weil Vergebung und Akzeptanz Voraussetzung für Bewusstheit ist.
Wenn das Bewusstsein sich seiner Liebe bzw. seiner Selbst wieder bewusst ist, dann ist das Drama vorbei.
Angst und Schuld sind dann als Einbildung in unserem Geiste entlarvt.

Im bewussten Sein im Hier und Jetzt haben Angst und Schuld keine Wirklichkeit.

Im Hier und Jetzt sind wir uns unserer raumgleichen Natur wieder in voller Verantwortung bewusst – und wir sind unschuldig.

Selbstliebe ist Liebe zur Liebe

"Liebe deinen Nächsten, wie Dich selbst" (Jesus)

Selbstliebe ist..
die Bereitschaft, sich bedingungslos, so wie man Jetzt und Hier ist, mit allen sogenannten Fehlern und Mängeln, vollkommen anzunehmen.

Selbstliebe ist..
ein guter Freund zu sich zu sein. Immer verzeihend. Immer akzeptierend. Immer unterstützend. Immer ehrlich. Immer verantwortungsvoll. Immer einfach...voller Liebe.

Selbstliebe ist ..
Selbstgewahrsein. Aufmerksamkeit *ist* Liebe. Aufmerksam in seinem Körper zu sein, aufmerksam seine Gefühle und Gedanken wahrzunehmen, ist Selbstliebe. Fühle deinen Körper. Fühle deine Liebe zu deinem Körper, der ein Geschenk der Liebe ist.
Liebe deinen Körper, wie du den Körper deines Nächsten liebst.

Selbstliebe ist..
das Ende der Selbstverletzung. Wir sind verletzt - und schicken Liebe zurück. Das ist Heilung. Wir heilen die Kränkung und den Schmerz unserer Liebe ..mit Liebe.

Selbstliebe ist..

stärker als jede Kränkung. Liebe kann in Wahrheit nicht gekränkt werden. Wir können nur *glauben*, dass wir unserer Liebe nicht wert sind.

Wir können nur der Angst *glauben*, die sagt, dass wir die Liebe verloren haben und wir sie deshalb suchen müssen.

Wir können nur dem Irrtum *glauben*, dass wir sie von anderen erhalten müssten.

Selbstliebe durchschaut unseren Glauben als *Illusion* und erkennt, dass es niemals *wirkliche* Bedingungen gibt, unsere Liebe zu verschenken und sie dadurch zu erfahren.

Selbstliebe ist das Ende der Ignoranz für die Liebe selbst. Es ist die Wiedereröffnung unserer vergessenen Lebensquelle.

Selbstliebe ist die Heilung der Verletzung unseres Kindes. Selbstliebe beendet das Urdrama unserer Liebe. Sie beendet das Drama des gekreuzigten Heiligen in unserer Mitte. Sie ist die Heilung von uns selbst durch uns selbst. Selbstliebe ist Heiligung der Liebe *durch* die Liebe.

Unsere Liebe findet zu sich selbst. Liebe verschenkt sich an uns selbst, wenn wir sie verschenken. Es ist, als ob von nun an die Liebe, die immer fließen wollte, endlich immer fließen darf.

Selbstliebe ist der Jungbrunnen aus welchem wir alle im Überfluss beschenken können. Es ist die Quelle, die Schönheit in uns und um uns erschafft. Es ist die Quelle, die Frieden und Glück in diese Welt trägt.

Selbstliebe ist die Quelle, die niemals versiegt, denn Liebe kennt keinen Mangel. Je mehr wir schenken, desto reicher werden wir.

Das ist die Ökonomie der Liebe. Sie ist die wahre, die *wirkliche* Ökonomie. Sie ist befreit von der Angst, zu wenig zu bekommen. Die Liebe zum Selbst ist darum die Quelle, aus welcher wir wahren Reichtum auf unserem Planeten schöpfen werden.

Selbstliebe stillt den ewigen Hunger unserer Gier.
Sie ist das Brot, das alle Herzen zur Stille bringt.
Selbstliebe öffnet die Quelle, die unsere Welt in Überfluss tanzen lässt.

Ihre Freude, sich zu verschenken, kennt keine Grenzen, denn nur im Verschenken, kann sie sich selbst erfahren.
Ihre Freude ist wie ein ansteckender Glücksvirus.
Ihre Freude ist die Botschaft, die unsere Herzen befreit.

Ihr Glück berichtet von der Befreiung, die in uns auf uns wartet, wenn wir uns nur zu ihr öffnen.

Selbstliebe ist Liebe zur Liebe.
Sie ist die Verschmelzung der Liebe mit sich selbst.
In Selbstliebe findet Liebe Liebe. Da ist Hoch-Zeit. Da ist Heilung und Heiligung.
Die Illusion der Separation vom Heiligen wird beendet.

Selbstliebe ist das goldene Tor zu unserem Paradies.

V. Angst vor der Wahrheit

Wir haben Angst vor uns selbst.

Die wahre Begegnung ist nämlich die, mit uns selbst.

Wir haben Angst vor der Eins-sam-keit. Vor dem All-eins-sein!

Dort in dieser Stille mit uns selbst entdecken wir das größte aller Geheimnisse:

Wir und die Wirklichkeit "da draußen" sind EINES.

Das ist die Wahrheit, vor der wir alle Angst haben, sie zu erkennen. Denn dann könnten wir es nicht mehr leugnen.

Dann wären wir der, der IST,
der *weiß*, dass "Ich bin, der ich bin."

Wer wagt, *das* zuzugeben und aus seinem Versteck hervorzukommen? Wer wagt das, für sich in Anspruch zu nehmen?
Wer hat den Mut alle Illusionen, wer er ist, loszulassen?

Wer wagt, ins Unerklärliche zu stürzen

und zu sterben,

um wiedergeboren zu werden?

DER TOD

Keine Angst vor dem Tod
- du entdeckst nur das Loslassen

Keine Angst vor dem Loslassen
- du entdeckst nur dein Alleinsein.

Keine Angst vor dem All-eins-sein
- du entdeckst nur deine Freiheit.

Keine Angst vor der Freiheit
- du entdeckst ALLES.

Keine Angst vor der Angst
- du entdeckst- NICHTS.

Keine Angst vor dem Nichts
- du entdeckst DICH.

Keine Angst vor Dir
- Du bist LIEBE.

Keine Angst vor der Liebe-

Liebe ist - keine Angst.

Der Puls des Lebens

Wenn das Bewusstsein nach der Reise durch alle Lügen hindurch zu sich nach Hause, zu Selbsterkenntnis und Ehrlichkeit gefunden hat und jeder Aspekt in das Meer unserer bedingungslosen Liebe zurückgeflossen ist, dann ist die Reise vollendet.

Dann hört jeder Widerstand, jede Spannung gegen das was ist auf.

Es ist das alte Spiel: Spannung – Entspannung.

Wir entdecken dieses Lebensprinzip immer wieder: Herzschlag, Orgasmus, Stoffwechsel, Jahreszeiten, das ganze Universum vibriert zwischen Geburt und Tod.

Der Geist manifestiert sich in der Welt und er lässt die Welt wieder los. Ununterbrochen. Ein ewiges Halten und Loslassen. Die Erscheinungen entstehen aus dem ewigen Fluss der Energie des Lebens und vergehen wieder in das formlose Meer der Möglichkeiten.
Eine Befreiung ist es, wenn wir den Widerstand gegen das Formlose und gegen den Fluss des Lebens aufgeben.

Der Höhepunkt des Lebens wurde darum oftmals als der „bewusste Tod" bezeichnet: sich als das volle Nichts zu erfahren, aus dem alles geboren wird und in welches alles stirbt.

Alles ist ein Fließendes

In einem Fluss entstehen die Strudelformen durch die Widerstände z.B. einem Stein.
Wenn wir den Widerstand aufgeben - und eines Tages werden wir ihn aufgeben müssen - dann werden wir wieder eines mit dem Fluss.

Eigentlich waren „ Wir" immer eins mit dem Fluss. „Uns", als etwas vom Fluss Abgetrenntes, hat es eigentlich nie gegeben. Wir waren nur die Form des Strudels. Wir sind eine fließende Erscheinung im Fluss der Lebensenergie.

Wenn der Widerstand verschwindet,
verschwindet der Strudel,
also die Form, von der wir glaubten, dass „Wir" sie sind
sowie die Illusion darüber, *wer* wir sind -
und die Wahrheit wird offensichtlich.

Wir sind der Fluss

Wir lieben unsere Form. Gut. Sie ist wunderschön. Bewundere sie. Ehre sie. Liebkose sie. Feiere sie jede Sekunde.

Aber vergiss nicht, wer wir sind -
sonst leben wir in der Angst, wir sterben, wenn sie stirbt.

Dann können wir unsere Form nicht mehr lieben, weil die Angst vor dem Verlieren unser Herz verkrampft.
Dann wird der krampfhafte Versuch, das Leben festzuhalten, zu unserem Lebensinhalt.

Dann ist das Leben keine Feier mehr, sondern der Alptraum unserer Angst, es zu verlieren.
Darum sollten wir uns erinnern, wer wir sind, damit wir die Formen, die im Fluss des Lebens erscheinen, voller Dankbarkeit begrüßen und voller Dankbarkeit wieder loslassen können.
Dann kann die Schönheit erst empfangen werden, und sie ist überwältigend.

Und dann wird Schönheit unsere Welt über-weltigen.
Der Fluss ist ewig.
Die Form vergänglich.

Der Fluss ist heilig.
Die Form auch.

Die Form stirbt -
und wir erinnern uns -
wir sind der Fluss.

Wir, der Widerstand, löst sich auf
und wird eines mit dem Fluss -
der wir wirklich sind.

Nichts geht verloren.

Wir gewahren uns nur wieder als Fließendes.
Wir nehmen uns die Form d.h. wir verlieren uns wieder im Widerstand....

- bis dass wir wieder loslassen und uns erinnern – wir waren das Nichts, fließend in allen Augenblicken, vergessen in einer zeitgebundenen Form.
Immer wieder

TANZ DER IDENTITÄTEN

Der Geist,
verwickelt,
festhaltend und blind mit seiner Form identifiziert,
– dann wieder losgelassen im Nichts seines unendlichen
Raumes aufgelöst-
ständig pulsierend-
Formen schaffend und auflösend-
ein ewiger Fluss
von Werden zu Vergehen
aus dem Nichts
in das Nichts.

Ein spielerischer Tanz mit Rollen und Identitäten-
Schauspieler, Maler, Tänzer, Dichter
Zuschauer und Regisseur zugleich-

raumgleicher Geist

sich verlierend
sich findend
in seinem kindlichen Spiel.
seine Liebe schmeckend
im Drama des Vergessens

Helden gegen Drachen
von kosmisch komischer Art
Don Quichote im Wunderland

Welch Lachen zerriss das Band!
- ich hatte mich im Traum
verrannt.

Die Lust an der Verwicklung

Die Geschichte in die wir verwickelt sind, ist großartig. Sie hat uns dieses Leben gebracht. Es war der Genuss, verloren gegangen zu sein. Es ist das Spiel des kleinen Kindes auf einer Insel gestrandet zu sein. Nicht zu wissen, wer es ist, woher es kam und wohin es gehen soll.

Dieses Vergessen, dieses Verwundern und die Suche war das Spiel, das unsere Lust nach Selbst-Erfahrung stillen sollte. Wir wollten das Abenteuer erleben, auf der Suche nach uns selbst, uns selbst zu erfahren.
Die Suche ist ein Geschenk. Nichts ist falsch.

Die unendliche Vielfalt und Schönheit bis in das Allerkleinste - wer könnte jemals die Ekstase des Schöpferischen umfassen? Jedes Ding, jede Erscheinung hat eine Geschichte. Alles, bis in das kleinste Elementarteilchen, entsteht und vergeht wieder. Ein taumelnder Tanz der Identitäten. Ein ewiges Kommen und Gehen aus dem Meer der Potentialitäten.

Und irgendwann....

möchte dieses Kind aus der Geschichte wieder aufwachen...
es will nach Hause!
Es will wieder bewusst werden, was und wer es ist!

Irgendwann..
kommt die Stunde der Wahrheit..
.. und der Film naht seinem Ende.

Irgendwann reicht die Geschichte.
Irgendwann WILL es sich erinnern.

Hallo, mein Geliebter und meine Geliebte

begrüße *ICH* mich

von der anderen Seite des Spiegels.

∞

Wir haben vielleicht Angst, dass wenn unsere Story beendet ist, dann wäre das Abenteuer aus..

Wäre es aber nicht viel lustiger, wenn wir uns des Spielens wieder bewusst wären? Wie, wenn wir gelassenere Zuschauer werden? Und mit der Liebe des Künstlers in unserem Herzen unserem eigenen Schauspiel beiwohnen können?

Was für ein Geschenk an uns!

Das Leben wie ein Künstler zu erleben. Unser Künstlertum ging nur so weit, dass wir uns in den Geschichten, die wir geschaffen haben, selbst vergessen haben. So wie ein Kind.

Und JETZT! wird es sich des Spielens bewusst
Das Spiel geschieht des Spielens wegen.
Der Künstler bringt die Freiheit und die Liebe, die er IST, zum Ausdruck!
Der Künstler ist der wahre Anbeter des All-Schöpferischen.
Das wäre doch wirklich mal eine neue Vision-------stell dir vor-----

zum ersten Mal *genießen* wir die Geschichte

ganz bewusst.

Denn erst das *Bewusstsein*, dass wir die Geschichte zusammen erschaffen, lässt die nötige spielerische Distanz und daraus folgend, die Entspannung entstehen, die endlich *Genuss* zu unserem normalen Zustand werden lässt.

PARADISE *IS* NOW!

Nur im Hier und Jetzt....
breitet sich die Freiheit vor unseren Augen
und die Hingabe und Liebe an die Schöpfung in uns aus.
JETZT,

                    Erinnern wir uns!

..............................Es war alles OK.
So sollte es sein, damit wir es *heute* erkennen können.
Unsere Geschichte hat uns hierhergeführt, damit wir sie jetzt sehen können.

Hallo! Schön dich wieder zu sehen. Wo warst du so lange?
Ein Abenteuer durchlebt? In einer Geschichte verloren gegangen?

Schön.
Aber Jetzt - komm bitte nach Hause

- zu *DIR*.

VI. Wir sind DAS, wonach wir suchen

Der Sucher hat die Aufgabe, das zu finden, was er ist. Die Suche ist beendet, wenn der Sucher sein seiendes Bewusstsein als sein wirkliches Selbst erkennt. Er kann das Seiende nur gewahren, wenn er die Suche nach Identitäten, inklusive seine Identität als Suchender, loslässt.

Der Verstand kann dieser Logik nicht folgen. Wie soll er etwas bekommen, wenn er alles loslässt? Das erscheint absurd. Der Verstand kann nicht begreifen, dass genau das Be-Greifen-Wollen das Hindernis ist, das die Offenbarung der gesuchten Erfahrung verhindert. Die Wirklichkeit, die wir suchen, ist darum für den Verstand nicht begreifbar.

Die Identität als Sucher entsteht durch die Suche. Weil das Bewusstsein begreifen möchte, verliert es sich in den Objekten, die es in sich erzeugt und mit denen es sich identifiziert: *Ich bin* ein Sucher. Und schon erscheint die Illusion der Zweiheit: die Welt und wir, der Sucher. Wir blicken in den Spiegel unserer durch uns selbst geschaffenen Welt.

Die Suche unseres Lebens ist eine Inszenierung des Geistes. Durch die Suche nach dem Glück seiner verlorenen Einheit bzw. dem Versuch des Begreifens seiner Wahrheit, wird erst die Illusion der Trennung von sich selbst erschafft. Dies ermöglicht dem Geist sich *körperlich* zu erfahren und zu erleben, was es Alles ist. Unsere körperlichen Erfahrungen sind das Geschenk des absolut schöpferischen Bewusstseins an sich selbst.

Unsere Sinneserfahrungen sind der Sinn des Lebens. Sie feiern das Göttliche, Unbeschreibliche, Schöne, Wunderbare, Überwältigende dieses Augenblickes, welcher ES unteilbar ist. ES ist Geist in Bewegung, immer unendlich schöpferisch und zeitlos schön.

Unser Geist stellt fest, dass, wenn er endlich die Suche nach dem Glück aufgibt, und in diesen Augenblick zurückkehrt, dann offenbart sich das Finden, das Gewahrsein seines Seins. Dies Finden ist ein großes Glück. Der Geist erinnert sich, dass das Gewahrsein, was es ist, eigentlich das war, was er suchte. Die Suche ließ ihn nur vergessen.

Ohne das Vergessen aber konnte die Suche, das Finden und all die wertvollen Sinneserfahrungen dazwischen nicht stattfinden. Aber eigentlich, hatten wir nie etwas verloren, nur vergessen.

Doch auf dieser Reise wuchs unser Bewusstsein über uns selbst. Als wir hierherkamen, wussten wir instinktiv bereits, wer wir sind. Wir ahnten es schon immer. Wir wussten nur noch nicht, dass wir wussten. Und deshalb wussten wir es nicht bewusst. Was wir nicht bewusst wissen, existiert auch nicht in unserem Bewusstsein.
Also mussten wir unser Selbst zuerst in einer Geschichte vergessen und in der selbstgeschaffenen Illusion leben, dass wir nicht wüssten. Damit wir uns dann, nach einer langen Reise durch unsere Illusionen, mit vertieftem Bewusstsein erinnern können, was es war, was wir eigentlich schon die ganze Zeit ahnten.

Jetzt *wissen* wir, *was* wir schon immer wussten. Vergessen kann nicht mehr stattfinden. Unser

Bewusstsein ist an Erfahrungen reicher und reifer geworden.
Wir waren *immer* schon zuhause. Wir haben nur *geglaubt*, dass wir verloren waren.

Ein kosmischer Witz!

Wir sind also bewusstes Sein, das sich eine Story erzählt, jemand *Besonderes* zu sein.
Die Angst vom einen Geist getrennt zu sein, gar von ihm oder ihr ausgestoßen zu sein, stellt sich als selbstbestätigende Projektion des Geistes heraus.

Der Geist, der wir sind, erfüllt sich selbst sofort jeden Wunsch. Wenn wir zweifeln, dass wir der ganze Traum sind, dann manifestiert sich dieser Zweifel sofort in unserer Selbstwahrnehmung.

Wir lieben diese Story und wir lieben das Träumen.
Wir machen schließlich *Alles*, um herauszufinden, was wir eigentlich suchen. Keine Verlockung, kein Versprechen, das nicht mit allen Sinnen erfahren werden will. Es ist hilfreich zuzugeben, wie sehr wir die Story, wie sehr wir die Illusion der Trennung lieben, auch wenn sie Leiden bedeutet.

Bis wir irgendwann von der Suche so schöpft sind, daß der Wunsch ganz von alleine in uns erscheint sich wieder zu erinnern. Bis wir Heimweh bekommen,
die Suche endlich zu beenden und das Finden geschehen zu lassen.

DIE ERINNERUNG

Wirklich,
Wirklich sich zu vertrauen,
wirklich voll, bis in die Fingerspitzen,
seiner Liebe zu vertrauen und dem Urinstinkt nach der
Freiheit zu folgen, das verlangt viel Mut.

Wirklich
die Freiheit schmecken zu wollen, den köstlichen
Geschmack zu fühlen, wenn wir zu *jedem* Preis unserer
Wahrheit folgen, unsicher, tapsend, verwirrt, den
Verstand endlich verloren, fallend, vertrauend, lallend
vom Rückenmark her, bedingungslos dem Lockruf
unserer inneren Wildnis lauschend, demütig auf allen
Vieren kriechend,
- aber IMMER dem Duft unserer inneren Freiheit
entgegen
- was für ein Abenteuer!

Den Dschungel der Angst durchkriechend, bis wir uns
endlich, durch alle Lügengeschichten hindurch, mit dem
Buschmesser unserer radikalen Ehrlichkeit bewaffnet,
das Jetzt fühlend, zu uns Selbst, zu unserer Liebe
hindurchgerobbt haben und wir, nach dem Verziehen
aller Nebelschwaden,

in schallendes Gelächter ausbrechen und rufen:

„Ach so!

DAS!

war es, was ich suchte!

Was für ein grandioser Witz!

Es ist ganz anders, als wie ich *dachte*.
Es ist ganz anders, als wie ich jemals denken *konnte*,
Es ist näher noch als nah.
Es ist so subtil, so fein, so verletzlich
und doch so überwältigend in seiner Kraft, seiner Liebe
und in seiner absolut perfekten Schönheit
ICH bin ES immer gewesen!

Wie konnte ich nur die ganze Zeit an meinem Schatz so
achtlos vorbeigehen!
Wie konnte ich nur mein goldenes Kind so vergessen?
Wie konnte ich nur meine Liebe so ignorieren?
Wie konnte ich nur meine Wahrheit so verleugnen?
Wir konnte nur ich mein Glück so übersehen?

Suchend habe ich es übergangen."

∞

Da ist das Gefühl, wieder in die Arme eines
altbekannten, lieben Freundes zu fallen,

den man sooooo lange vermisst hatte

- sich Selbst.

Endlich, schön, wieder bei sich zuhause zu sein.

Wie wunderbar, sich an den Vergessenen in sich zu
erinnern. Was für eine Wiedersehensfreude und welche
Tränen des Glücks.

Wir sagen vielleicht: „Jetzt lasse ich mein goldenes Kind nie wieder alleine! Jetzt werde ich es nie wieder vergessen! Nie wieder!"

Die Erinnerung ist der Schlüssel,
der überall passt!
Nun fallen alle Puzzleteile an ihren Platz, werden alle Fragen wortlos beantwortet. Jetzt wird all die gehörte und gelesene Weisheit auf direkte Weise lebendig. Jetzt wird man „es" nie mehr vergessen wollen.
Und nun will man das Glück, das so unerhört nahe liegt an alle verschenken und allen zurufen: Hört endlich auf zu suchen!
Wir *sind* das Glück, das wir suchen. Das Glück ist so nahe, daß wir es übersehen.
Es ist Hier. Und Jetzt. Und ....

Wir waren es die ganze Zeit!

Niemand anderes.
Nirgendwo anders.
Nicht Irgendwann später.

Nach der Erinnerung,

wenn der Glücksrausch nachlässt,
dann gilt es auf der Hut zu sein.

Dann gilt es, diese zu Anfang zarte Pflanze mit all unserer Hingabe zu pflegen, zu hegen und das Selbst - Gewahrsein tiefe Wurzeln in uns wachsen zu lassen.

Den Zweifel dann, wenn er wild auf uns einstürmt und alle Dämonen und Schattenmonster der Vergangenheit, die aus ihren Löchern kriechen und uns zu verschlingen drohen,

einfach lächelnd

in unsere Arme zu nehmen

– das ist Hingabe an unsere Befreiung.

Und dann, wenn das Gewahrsein von Moment zu Moment immer fester wird und wir unablässig - auch wenn wir wieder in einer Geschichte verloren gehen - uns verzeihen und uns wieder und wieder erinnern, und uns ins Selbstgewahrsein, in die Präsenz dieses Augenblickes zurückführen,

– das ist der Weg, wie wir unsere Befreiung kultivieren.

Die Befreiung *muss* unablässig kultiviert werden, sonst schläft man wieder ein!

Denn immer noch sind die alten Reflexe stark. Immer noch ist da unsere Persönlichkeit und ihre Geschichte, die liebevoll umarmt werden will.
Nichts darf als selbstverständlich angenommen werden.

Befreiung braucht unsere vollkommene Hingabe, *besonders* nach der Erinnerung, wer wir sind.

Befreiung geschieht durch Hingabe von Moment zu Moment. Jeder Augenblick ist köstlich neu und muss frisch durch unser Gewahrsein geweckt werden.
Immer wieder. Damit dieser ewige Augenblick in Aufmerksamkeit gefeiert werden kann.

Und wir machen die Erfahrung, dass *jedes* Festhalten, auch der Wunsch, dieses starke Glücksgefühl nach der Erinnerung festhalten zu wollen, eine Gefahr ist.

Wer glaubt "es" ist weg, weil der Glücksrausch verschwunden ist, der gibt seinem Zweifel wieder Raum und läuft damit Gefahr, in die alte Illusion zurück zu fallen, dass er oder sie vom Einen Getrennte sind. Wir fallen so leicht wieder in unsere alten Muster, dass wir nicht gut genug sind, oder aber, dass es noch nicht der Zeitpunkt war oder sonst irgendeine Ursache, warum "Es"- das Gewahrsein der Einheit- verschwunden ist.

"Es" kann aber nicht verschwinden. Wir vergessen uns nur in Geschichten, was wir sind. Was verschwindet, ist möglicherweise das große Glücksgefühl, als wir uns an uns selbst erinnerten.
Es geht aber nicht um das Glücksgefühl, sondern um die Erinnerung!
Gefühle kommen und gehen.
Die Erinnerung bleibt!

Der Geist hat sich als die „Leinwand" erkannt, wir sind nicht mehr mit dem Traumhelden identifiziert. Der Film ist vielleicht immer noch faszinierend, doch die Magie der Illusion der Held zu sein, ist für immer gebrochen.
Es ist darum unsere Lebensaufgabe, immer wieder in unser Selbstgewahrsein zurückzukehren. Von Moment zu Moment.

Hierin können wir das Glück finden, das beständig ist - und die Herausforderung unseres Lebens. In der *aktiven* Aufmerksamkeit und im Gewahrsein im Nun geschieht die graduelle Transformation unseres Lebens.

Dort wo Bewusstheit ist, entfaltet sich die Liebe ganz von alleine. Unser Verweilen in unserem Selbstgewahrsein hat eine heilende Wirkung auf uns und unsere Umgebung.

Das ist die große Herausforderung und die große Verantwortung nach der Erinnerung: in jeder Situation bewusst zu *bleiben*, alles zu fühlen, was gefühlt werden will, alles voller Akzeptanz gewahr nehmen, als das, was es ist, und auf diese Weise das Leben in uns und um uns herum langsam zu transformieren.

Die Gnade der Separation

Das offene Gewahrsein ist ein Zustand der gefühlten Verbundenheit mit dem Bewusstsein. Wir sind nicht mehr getrennt. Wir wussten dies von Anfang an. Wir wussten dies aber nicht bewusst.

Nachdem wir uns selbst als etwas Besonderes erlebt haben und uns auf der Suche nach uns Selbst erfahren haben, was wir *glaubten* zu sein, können wir nun überhaupt erkennen, dass wir in unserem Traum alles und nichts Besonderes sind.

Ohne die Illusion des Getrenntseins vom ganzen Traum, konnte das EINE Bewusstsein sich nicht erkennen und sich nicht erfahren.

Was uns als Fluch, als Jammertal erschien, als Vertreibung aus dem Paradies, als Spaltung vom Ganzen, ist in Wahrheit ein Geschenk.

Wir erhielten das Geschenk, einen Schauspielakt der Entschleierung aller Illusionen zu erfahren, die uns *erzählen* wollten, wer wir sind, bis der letzte Schleier gefallen ist und wir in der vollen Leere des Nichts in den raumgleichen Spiegel hineinblicken.

Wir sind nicht die Person, mit der wir uns in unserem Traum identifiziert haben, wir sind auch nicht die Vorstellungen von uns und der Welt.

Wir sind der alles umfassende, alles durchdringende, alles erlebende, sich selbst gewahrende Träumer.

Es gibt darum weder ein Subjekt noch ein Objekt. Weder Geist noch Materie. Es gibt nur der Eine und Unsagbare, sich selbst gewahrende Geist.

Wir sind das alles durchdringende bewusste Seiende, das sich in diesem Traum, in DIESEM ewigen Augenblick in unendlich schöpferischer Vielfalt manifestiert.

Der Wahr-Nehmende ist der schöpferische Eine GEIST.

Das Leben ist im Grunde ein schöpferisches Selbsterfahrungsspiel des Geistes, in welchem wir, - das Seiende -, sich in einer persönlichen und kollektiven Geschichte selbst vergessen hatten, damit wir uns nach

einer langen Reise voller kostbarer Erfahrungen uns endlich erinnern, was wir sind:
Wenn wir wissen, wie wir schmecken, riechen, duften, Liebe machen, frieren, husten, spucken, scheißen, sterben, geboren werden, nach Liebe hungern, verzweifeln, suchen, träumen und kämpfen und alles mehr.

Jetzt! wird das Leben geschaffen, in welchem wir uns genießen können, weil wir den Mut haben, uns zu erinnern..
Jetzt! wird das Paradies geschaffen, in welchem das Selbst seine Liebe zu sich selbst feiert. Liebe feiert Liebe.
Nur im Jetzt! existiert die Zeit, sich zu erinnern.

Danke !

Der Geist kehrt aus der Illusion des Getrenntseins in das Gewahrsein seines unteilbaren Seienden zurück, mit unendlich vielen Erfahrungen bereichert.

Jeder Augenblick ein wunderbares Danke!
Das ist der Schatz, den es zu heben gilt:
Dankbar jede Erfahrung im Jetzt annehmen.

Zarte und harte. Bittere und süße. Große und kleine. Schöne und häßliche. Liebevolle und schmerzvolle. Kalte und warme, unendlich geschmackvolle. Köstliche.

Der Sinn ist der Sinn.

Just kill me,
and take away the last thought -
the one, who brought
my whole world.

Just kill the idea of an extra being.
Indeed, " I ", - I´ve never seen
and No-body has always been.

Beloved, just kill the someone -
thought,
who will become
the ONE,
it appears toward.

Let me catch the joke:
Nobody ever awoke.

God laughed and said:

Show me the one,
who shall be dead.

I am No-body,
pretending to be Some-body.
I am No-thing,
pretending to be Some-thing

I am the Great Pretender.

Frei sein, bedeutet verletzlich zu sein.

In Freiheit und Liebe zu sein, ist ein unerhörtes Lebenswagnis, das wahren Heldenmut erfordert.
Das ist die wirkliche Revolution: Die Befreiung unserer Herzen.
Alles wird sich danach verändern.

Im Gewahrsein seiner Liebe zu leben, ist nicht so gefährlich, wie wir fürchten. Von der Angst befreit zu leben, befreit die Kraft unserer Liebe.
Es ist ja die Aufrechterhaltung des Widerstandes d.h. der Angst, wieder verletzt zu werden, die an unseren Kräften zehrt.
Die Angst kommt immer mit einer Geschichte, was geschehen ist und was vielleicht geschehen könnte.
Angst schuf noch immer die Wirklichkeit, vor der sie warnte:
Aus Angst, nicht genug zu bekommen, erzeugen wir spirituelle, soziale, biologische und materielle Armut.
Aus Angst, nicht sicher zu sein, bewaffnen wir uns und verbreiten Unsicherheit. Aus Angst, die Liebe zu verlieren, sperren wir sie ein - und verlieren sie.
Aus Angst, das Leben zu verlieren, riskieren wir, es nicht zu leben.
Die Liebe ist aber nur im Jetzt! zu finden.

Im Jetzt gibt es keine Geschichten und darum auch keine Angst vor dem, was geschehen könnte. Das Jetzt kennt keine Angst. Es ist identisch, mit dem, was ist.
Ohne Angst ist da nur noch Vertrauen in das, was ist, Schönheit, Offenheit, Verletzlichkeit und Reichtum durch den Zugang zum Seienden.

Ohne Angst erscheint unser wahrer Schatz.

Das *Jetzt* gewahren ist unser Utopia.
Das Hier gewahren ist der Ort der Evolution des menschlichen Bewusstseins.
Dies ist unsere äußerst konkrete Utopie. Sie hat die Kraft, die Strukturen in unserer Gesellschaft zu verändern.

LIEBE IST..

Das, was wir SIND. Das BewusstSEIENDE *ist* Verbundenheit, *ist* der präsente GEIST manifestiert in allen Formen, *ist* LIEBE an sich.

Das offene Herz in unserer Mitte *ist* darum das, wonach wir uns existentiell sehnen, denn es öffnet das Tor zu dieser tieferen, authentischeren Wirklichkeit über uns Selbst. Das geöffnete Herz ist der Brunnen aus dem das Glück der Befriedung unserer tiefsten Sehnsucht entspringt - und da ist trockene Wüste, wenn wir es verschließen.

Das geöffnete Herz erschaut eine Wirklichkeit in Verbundenheit. Es erkennt sich als LEBEN, als LIEBE in Aktion.

Zu lieben, auch wenn wir verletzt wurden, auch wenn der Schmerz der Kränkung überwältigend erscheinen mag, ist darum ein heiliges Geschenk an unser SELBST, denn es bringt uns wieder in Verbundenheit mit dem, was IST und was wir im Grunde unserer Natur SIND.

In der Annahme des Schmerzens des Selbst-Vergessens liegt Größe, Würde, Schönheit und Hingabe an das, was wirklich zählt – die Erinnerung, wer wir SIND.

Sein Herz verhärten zu lassen, ist Selbstaufgabe, ist Selbstverneinung. Dann gehören wir zu den Harten und zu denen, die mit ihrer Kränkung im Herzen die herrschende, gesplitterte und SELBST-vergessene "Wirklichkeit" erschaffen.

Dann haben wir den Zugang zu unserem Heiligen geopfert und unsere Quelle der Liebe vergessen. Wer sich aber selbst vergessen hat, der lebt in Armut und *ist* Armut. Der ist stets hungrig nach mehr und niemals gesättigt. Der lebt in unstillbarer Gier, der Krankheit unserer Zeit.

Dann geben wir die Krankheit des Vergessens auch automatisch an unsere Kinder weiter. Von einer Generation zur nächsten.

Dann sind wir ein Teil dieser Krankheit des Vergessens, die den Menschengeist schon so lange befallen hat.

Wir haben eine Wahl.

Erinnere.

JETZTHIERICHDU

∞